Spanish for Careers

Conversational Perspectives

Available in the same series from D. VAN NOSTRAND COMPANY

French for Careers: Conversational Perspectives (Gallo-Sedwick)

German for Careers: Conversational Perspectives (Bonnell-Sedwick)

Spanish for Careers: Conversational Perspectives (Sedwick)

Conversation in French: Points of Departure, Third Edition (Bonnell-Sedwick)

Conversation in German: Points of Departure, Third Edition (Bonnell-Sedwick)

Conversation in Italian: Points of Departure, Second Edition (Paolozzi-Sedwick)

Conversation in Spanish: Points of Departure, Third Edition (Sedwick)

Spanish for Careers
Conversational Perspectives

Frank Sedwick

D. Van Nostrand Company
New York   Cincinnati   Toronto   London   Melbourne

Illustrations by Cary

D. Van Nostrand Company Regional Offices:
New York   Cincinnati

D. Van Nostrand Company International Offices:
London   Toronto   Melbourne

Copyright © 1981 by Litton Educational Publishing, Inc.

Library of Congress Catalog Card Number: 80-51224
ISBN: 0-442-20562-7

Published by D. Van Nostrand Company
135 West 50th Street, New York, N.Y. 10020

10   9   8   7   6   5   4   3   2   1

Preface

Spanish for Careers: Conversational Perspectives is designed for conversation and composition on nearly any level, as early as the second semester of Spanish. The difference among levels will lie in the degree of syntactic sophistication and richness of vocabulary in the student's response.

There are twenty-five professions, all selected as being careers that students might consider negatively or positively. The students can, therefore, learn something about future possibilities for livelihood, along with the basic vocabulary in two languages, while they improve their oral and written Spanish.

The book is designed for flexibility and simplicity. Begin anywhere. Skip around among the chapters, backward or forward, as you wish. No progressive degree of difficulty is intended, and no chapter depends on any other, except the very last one, which should be assigned last. The specific vocabulary for each scene is self-sustaining for that chapter, so that there is no need for a comprehensive word list at the end of the book. Omit whatever chapters may not be pertinent to the condition or interests of the class. One scene and its apparatus, if pursued in their entirety, provide sufficient material for between one and three class periods, depending on the depth of analysis desired or the level at which the book is used.

The only assumption is that students have already been exposed to basic Spanish grammar. Cognates and the commonest words are taken for granted although an appendix of numbers, verb tenses, and irregular verbs is useful at any level, and so is included here.

Each chapter has a drawing, a dialogue related to that illustration, a set of questions analyzing the content of the illustration and dialogue, a set of "points of departure" questions utilizing the given vocabulary but expanding the discussion beyond the illustration and dialogue, five suggested topics for discourse, an exercise from English to Spanish, and a word list, every word of which has appeared in the same sequence in the dialogue or whose use is occasioned somewhere in the exercises.

The English-Spanish exercise should be written, and preferably so the five topics for discourse. Probably only one of these topics should be chosen by any student because not all of the topics will appeal to everybody.

Many of the "points of departure" questions require thoughtful replies, in some cases rather detailed ones. Response to these questions, as well as to the other set of questions, is best done orally but should be prepared outside the classroom: Additional questions and points for discussion will occur to both the instructor and the students as the class is in progress, for it is through spontaneous repartee that the best use of this book is accomplished.

A Linguistic Note

A knotty problem in contemporary Spanish, especially in a book on careers, is the feminine ending of nouns denoting professions, occupations, or offices heretofore undertaken primarily by men. Is the female physician **la médico** or **la médica**? Is the female minister of government **la ministro** or **la ministra**? Sometimes uncertainty exists in English, too: to many ears "mailwoman" sounds contrived, while the ambisextrous "mailperson" is obviously ambiguous. In

Spanish, there is no neuter — we are limited to either the masculine or the feminine. From the masculine **el cartero** (mailman), we would have to derive **la cartera**, whose dictionary meaning is "wallet" or "briefcase." The feminine counterpart of "technician," **el técnico**, converts ambiguously into **la técnica**, which means "technique."

    This problem is in a state of flux. When the latest dictionaries attempt to be prescriptive, they encounter wide discrepancy throughout the Hispanic world. In the present book we have endeavored to reflect Castilian usage, but no unanimity can be found even there. Linguistic practices must await the passage of time before they become norms.

Tabla de materias

Spanish for Careers

Conversational Perspectives

For Memorization

The following words occur frequently in the book and are listed here, rather than in any given chapter, to avoid repetition. You probably know most of them already; if not, it would be best to learn them now, before you begin the book. It will also be helpful for you to review verb tenses, common irregular verbs, and numbers in the Appendix. The usual designations for radical-changing verbs (**ie; ue; ie, i; ue, u; i, i**) appear in parentheses after such verbs given in the word list of each chapter.

VERBS

buscar to look for, seek
comprar to buy
contestar to answer
costar (ue) to cost
deber (de) ought, should
describir to describe
emplear to employ
explicar to explain
ganar to earn
nombrar to name
opinar to have an opinion
pagar to pay
preguntar to ask
querer (ie) decir to mean
servir (i, i) to serve, be of use
significar to mean
trabajar to work
vender to sell

NOUNS

la carrera career, preparation (course of study) for a career
la desventaja disadvantage
el dibujo sketch, drawing, picture
el empleado, la empleada employee
el empleo employment, job
el oficio job
el propósito purpose
la semejanza similarity
el trabajo work
el vendedor, la vendedora salesman, saleswoman, salesperson, seller
la ventaja advantage

OTHERS

además (de) besides
antes (de) before
cada each, every

casi almost
demasiado too much, too many
después (de) after
difícil difficult, hard
entonces then
fácil easy
hasta until, even, up to
joven young
mientras (que) while
nunca never, ever
por ejemplo for example
según according to
sin embargo nevertheless
sino but
tal such (a)
también also
ya now, soon, then, already

1 El profesor de universidad

DAVID. Muchas gracias por la información, Dr. Wise. Sí, voy a tomar ese curso.

JULIA. Yo también. Agradecemos su consejo.

DR. WISE. A sus órdenes. El ser profesor es ser consejero.

DAVID. No todos los profesores son así. Muchos no tienen tiempo para los estudiantes.

DR. WISE. Y muchos estudiantes no lo merecen por no ser muy estudiosos. Los profesores estamos bastante ocupados — las clases, los exámenes, las tesis o los estudios independientes, la lectura, la investigación, las sociedades profesionales, los comités del profesorado, el trabajo de oficina. El educador medio tiene poco tiempo libre. Hasta por la noche lee o escribe o se prepara para las clases de mañana.

JULIA. Sin embargo parece una buena vida.

DR. WISE. Sí, Julia, especialmente la flexibilidad de nuestro tiempo.

DAVID. ¿Cómo se hace uno profesor?

DR. WISE. Con mucho trabajo y paciencia. Cuatro años de universidad, con buenas notas; luego la maestría, generalmente un año y con tesis; luego lo difícil, el doctorado. El doctorado consiste en dos años más de cursos, más los exámenes generales de la especialización, más los exámenes de dos idiomas extranjeros y — finalmente — la gran tesis, que puede ser cuestión de muchos años. Es una larga carrera y una inversión considerable.

JULIA. ¿Vale la pena?

DR. WISE. Pues sí, para quienes la vida filosófica es más importante que la vida material.

DAVID. ¿Y qué hay de la opinión de George Bernard Shaw?: "Those who can, do; those who can't, teach."

DR. WISE. Como el Sr. Shaw no pudo leer español, le contesto en inglés con una cita de Cervantes: "There are many theologians who are not good in the pulpit but excellent at recognizing the shortcomings or excesses of those who preach."

DAVID. Sí, básicamente cada educador es un crítico.

JULIA. Dr. Wise, ¿es verdad que hoy día existen muchos desempleados entre los profesores con doctorado?

DR. WISE. Sí, Julia, es triste pero es la verdad.

DAVID. Pues, con sus calificaciones extraordinarias, ¿por qué no enseñan en las escuelas superiores?

DR. WISE. Existen tres razones. Primera: Muchos ni saben ni quieren enseñar a los estudiantes más jóvenes. Segunda: Hay muchos maestros desempleados también. Tercera: Para enseñar en las escuelas públicas y en muchas escuelas privadas, es necesario haber tomado muchos cursos en "cómo enseñar" y el profesor medio no los ha tomado.

JULIA. ¿Cuál es la solución?

DR. WISE. El tiempo y la persistencia. Siempre hay una vacante para los mejores candidatos.

DAVID. Tengo curiosidad por saber cuál es el mejor candidato para la carrera de profesor universitario, ¿el intelectual brillante o el instructor excepcional?

Dr. Wise. La combinación de los dos, naturalmente, pero la experiencia me ha enseñado que ni el uno ni el otro es el producto de la instrucción. Es un talento. Y en esta carrera no existe más perfección que en otra.

Preguntas sobre el diálogo y el dibujo

1. ¿Quiénes están en el dibujo?
2. ¿Dónde están?
3. ¿Cuál es la opinión de Vd. sobre el arte en la pared?
4. ¿Qué consejo ha dado el Dr. Wise?
5. ¿Por qué no tiene mucho tiempo libre el profesor medio?
6. ¿Por qué es una buena vida la carrera de profesor?
7. ¿Cuántos años son necesarios para hacerse doctor en filosofía?
8. ¿De qué libro era autor Cervantes?
9. ¿Quién era George Bernard Shaw?
10. Si un profesor de universidad quiere enseñar en la escuela superior, ¿por qué generalmente no puede hacerlo?

Puntos de partida

1. ¿De dónde han venido los dos estudiantes y adónde van?
2. ¿Cuál es la diferencia entre las palabras *profesor* y *maestro*?
3. ¿Cuántos exámenes habrá en la clase de español de Vd. durante el semestre?
4. Explique Vd. la diferencia entre una clase y un estudio independiente.
5. En su opinión, ¿qué es un "buen profesor"?
6. ¿Cuándo hace Vd. la parte principal de la lectura necesaria para sus clases?
7. ¿Qué es el *profesorado*?
8. ¿Cuál es o será su especialización?
9. ¿Cuáles son algunos intereses del estudiante medio?
10. ¿Hasta cuándo va a ser Vd. estudiante?
11. ¿Qué es un *desempleado*?
12. ¿Qué puede hacer un profesor desempleado?
13. ¿Cuántos cursos de español ha tomado Vd. y cómo se llaman?
14. ¿Por qué tomó Vd. este curso?
15. ¿Por qué no habla Vd. cinco idiomas?
16. ¿Por qué (no) quiere Vd. ser profesor?

Temas para disertación

1. Un buen consejo para quien aspira a ser profesor.
2. Las notas (no) son necesarias.
3. Una persona que sabe dos idiomas vale dos personas.
4. Las cualidades del buen profesor.
5. Diálogo entre un maestro de escuela secundaria y un profesor de universidad.

Para escribir en español

Two university students, David and Julia, are talking with their adviser, Dr. Wise. The dialogue does not tell us the students' major or the courses taught by Dr. Wise, but he seems to be a good adviser. He is a hard-working professor who always has time for students, and they appreciate it. Not all students understand that the average professor — with his reading, classes, research, and other work — is a busy person with very little free time. David is curious to know how one becomes a professor. Dr. Wise tells them that it is a long road and a big investment, with first the M.A. and then the Ph.D., but that after all it's worth it, because the life of a professor is a good life. Then they speak of the many unemployed professors with a doctorate nowadays and of why these persons neither wish nor are able to teach in high school. Nevertheless, says Dr. Wise, there is always a university job for the young candidate who deserves it, the teacher with talent and the necessary qualifications.

el educador, la educadora educator
tomar to take
el curso course
agradecer to appreciate
el consejo advice
a sus órdenes you are welcome, it's a pleasure
el consejero, la consejera adviser
el tiempo time
merecer to deserve
bastante enough, rather
la tesis (las tesis) thesis (M.A.), dissertation (Ph.D.)
la lectura reading
la investigación research
el comité committee

el profesorado faculty
el trabajo de oficina clerical work
medio average (*when placed after noun*)
libre free
parecer to seem
la vida life
hacerse to become
la nota grade (*on a test or in a course*)
la maestría M.A.
el año year
el doctorado Ph.D.
la especialización major
más more, plus
el idioma language
extranjero foreign
largo long

la inversión investment
valer la pena to be worth it
pues well
contestar to answer
la cita quotation
hoy día nowadays
desempleado unemployed
triste sad
la calificación qualification
enseñar to teach
la escuela superior high school
la razón reason
el maestro, la maestra school teacher
siempre always
la vacante vacancy
la pared (interior) wall

2 El maestro de escuela secundaria

PRESIDENTA. Se abre la sesión de la Junta de Instrucción Pública del Condado Esperanza. La secretaria leerá el acta de la sesión anterior. (*La lee.*) ¿Discusión? (*No hay.*) El acta queda aprobada. (*pausa*) Esta noche celebramos una sesión extraordinaria para escuchar opiniones del público sobre el nuevo presupuesto del condado, especialmente la escala de sueldos propuesta para nuestros maestros para el próximo año. Ahora tiene la palabra el Sr. tesorero. (*La presidenta se sienta.*)

TESORERO. (*levantándose*) Muchas gracias. Sra. presidenta, el comité de fondos ha estudiado el problema y recomendamos el alza del diez por ciento para cada categoría de sueldo de los maestros del condado. Nuestros maestros no están bien pagados en comparación con otros profesionales. (*Una señora pide la palabra y la presidenta se la da.*)

UN AMA DE CASA. Todos deseamos la mejor instrucción para nuestros niños pero ¿podemos permitirnos tal alza? ¿Cómo podremos pagar los impuestos? Con el costo de vida. . . .

UN HOMBRE DE NEGOCIOS. (*Sin pedir la palabra se levanta y casi grita:*) ¡Correcto! ¡Los impuestos son tremendos! ¡Hay un límite para todo! Además como hombre de negocios conozco la ley de oferta y demanda. He leído que ahora hay una barbaridad de maestros sin trabajo. Si los nuestros insisten en alzas, será muy fácil reemplazarlos. Todo en el mundo es negociable.

TESORERO. (*dirigiéndose al hombre de nogocios*) Tranquilo, por favor. Si todo tiene su relación económica, por esta misma razón la calidad es cara, ¿no cree Vd.?

UN ANCIANO. Vd. habla de la calidad. Lo que necesitamos son maestros que sepan leer y escribir y— para garantizarlo—un examen de competencia en su especialización. ¿Sabe que cuando los maestros se declararon en huelga el año pasado vi una pancarta que decía: "Estamos en uelga por mejor sueldo". *Huelga* sin *h*.

TESORERO. (*pausadamente*) Con mejores sueldos nuestro intento es atraer a los maestros más instruidos, poco a poco, y. . . .

UN GRANJERO. (*interrumpiendo*) No sé nada de esto. Solamente sé que yo trabajo desde las seis de la mañana hasta la puesta del sol y los maestros van a casa a las tres de la tarde.

UN MAESTRO. (*después de haber pedido la palabra y que los otros se hayan sentado*) Señoras y señores, casi todos tienen razón. Los maestros están mal pagados, los impuestos están altos y todo en la vida tiene su aspecto económico. Yo, educador durante treinta años, lamento la poca base de cultura general de muchos jóvenes maestros a causa de tantos—posiblemente demasiados—cursos sobre los métodos de enseñanza. Estos cursos no son una necesidad para enseñar en muchas de las más famosas escuelas privadas, donde dan más importancia a la inteligencia, la cultura y la buena educación. Escuela privada o pública, nadie debe aspirar a ser maestro sin tener siempre presente la extrema responsabilidad de la profesión: Hasta cierto punto todos los niños—y todos fuimos niños una vez—son producto de sus maestros. (*pausa*) Sr. granjero, ¿tiene Vd. un toro en su granja?

EL MISMO GRANJERO. Pues sí . . . y me costó una barbaridad.

EL MISMO MAESTRO.   El maestro es como el toro. No es cuestión de horas trabajadas sino de lo trascendental de su tarea. (*silencio*)

UNA NIÑA.   Se levanta la sesión.

Preguntas sobre el diálogo y el dibujo

1. ¿Cuál es la razón de la sesión extraordinaria?
2. Representando al comité de fondos, ¿qué recomendación hace el tesorero?
3. ¿Qué opinión expresa el ama de casa?
4. ¿Por qué habla el hombre de negocios contra el alza propuesta para los maestros?
5. ¿Cuál es la opinión que expresa el anciano sobre lo que es necesario?
6. Con mejores sueldos, ¿cuál es la esperanza del tesorero?
7. Más o menos, ¿cuántas horas por día trabaja el granjero en su granja?
8. ¿Quiénes interrumpieron al tesorero sin pedir la palabra?
9. Si el maestro comenzó su carrera de enseñanza cuando tenía veintidós años, ¿cuántos años tiene ahora?
10. ¿Por qué es trascendental la tarea de ser maestro o maestra?

Puntos de partida

1. En un club u otra organización, ¿quién abre las sesiones y quién lee el acta?
2. ¿Por qué cree Vd. que hay muchos maestros ahora sin trabajo?
3. ¿Cuántos estudiantes de su clase de español aspiran a ser maestro? (Pueden levantarse la mano.)
4. ¿Qué hace Vd. para pedir la palabra en su clase de español?
5. ¿Cuándo se levanta la sesión de la clase de español de Vd.?
6. Describa Vd. su escuela secundaria.
7. ¿Qué se puede hacer para combatir el alto costo de vida?
8. Invente Vd. una pancarta para un grupo de personas que están en huelga.
9. ¿Cuál sería su definición de una persona instruida?
10. Explique Vd. la diferencia entre lo que significan la palabra *education* (o *educated*) en inglés y la palabra *educación* (o *educado*) en español.

Temas para disertación

1. Un comentario sobre el intento de esta lección.
2. Por qué (no) quiero ser maestro (maestra).
3. La preparación de los maestros.
4. Definición de lo que es una persona instruida.
5. Descripción de uno (una) de mis maestros (maestras) de la escuela superior.

Para escribir en español

The meeting of the public school board came to order. The minutes of the previous meeting, read by the secretary, were approved without discussion. It was a special session to study the proposed budget. The chairman of one of the committees recommended raises for all the county teachers. All teachers' salaries are paid only by general taxes and many persons, young and old, can not afford more, as they pay a huge amount already. A homemaker spoke of the high cost of living. A businessman shouted about supply and demand and said that a raise was not necessary. Another man stood up to say that he wanted better-educated teachers of higher quality. "With better salaries we can attract them," said the treasurer calmly. A farmer interrupted him with a commentary directed to the chairman. After this a teacher requested the floor and spoke of other aspects of the problem, specifically that we ought to bear in mind the training and responsibility of teachers. We even heard his extraordinary comparison of teachers and bulls. The meeting was adjourned and many persons went home with new opinions.

---

el educador, la educadora educator
el maestro, la maestra teacher
la escuela secundaria high school
el presidente, la presidenta president, chairman, chairwoman
abrirse la sesión to open the meeting, come to order
la junta de instrucción pública public school board
el Condado Esperanza Hope County
el acta (*f.*) minutes (*of a meeting*)
quedar aprobado to stand approved
celebrar to hold (*a meeting*)
escuchar to hear, listen to
el presupuesto budget
propuesto proposed
próximo next
el año year
la escala de sueldos salary scale
tener la palabra to have the floor
el tesorero, la tesorera treasurer
sentarse (ie) to sit down
levantarse to stand up
el comité de fondos finance committee
el alza (*f.*) raise, increase
por ciento percent

pedir (i, i) la palabra to request the floor
el ama (*f.*) **de casa** housewife, homemaker
el niño, la niña child
permitirse to afford
el impuesto tax
el costo de vida cost of living
el hombre de negocios businessman
gritar to shout
la ley de oferta y demanda the law of supply and demand
la barbaridad huge amount, great number
reemplazar to replace
el mundo world
dirigir to direct
Tranquilo. Take it easy.
la razón reason
la calidad quality
caro expensive
el anciano, la anciana elderly (person)
garantizar to guarantee
declararse en huelga to go on strike
la pancarta placard, sign

pausadamente deliberately, calmly
atraer to attract
instruido well educated
poco a poco little by little
el granjero, la granjera farmer
la puesta del sol sunset
tener razón to be right
alto high
a causa de because of
el método de enseñanza teaching method
enseñar to teach
la educación training, manners, upbringing
educado trained, well mannered, well brought up, polite
tener presente to bear in mind
la vez time (*occasion*)
el toro bull
la granja farm
hora hour
trascendental highly important, far-reaching
la tarea task, job
Se levanta la sesión. The meeting is adjourned.

un aumento

pero → una buena alza

un horario - schedule

anteayer

leída - read (past)

fue aprobado -

3 La corredora de bienes raíces

LECTOR. El autor de este libro me prometió una lección sobre los bienes raíces y en vez de eso, pone en el dibujo un ridículo proverbio.

AUTOR. Perdón, amigo lector, el humor es cínico pero no es ridículo. Permítame presentarle a la corredora de bienes raíces y ésta le explicará el argumento.

CORREDORA. Mucho gusto en conocerle, Sr. lector. ¿Le gusta el libro?

LECTOR. Hasta aquí, regular, pero soy estudiante y los jóvenes como yo somos idealistas. El mundo no necesita oro, necesita amor.

CORREDORA. Amigo lector, el oro es lo único que impone disciplina al loco mundo financiero. Además el oro viene de la tierra y por eso la tierra es oro en un doble sentido. La tierra y lo que construimos o plantamos sobre la tierra componen la forma más básica de la riqueza y la fuente de toda la riqueza que ha habido en el mundo, que hay en el mundo y que puede haber en el mundo. Creamos más y más población pero no podemos crear más tierra. Y hablando del oro, no olvidemos el oro negro que se llama petróleo.

AUTOR. Mire Vd., Sra. corredora de bienes raíces, soy yo, profesor de lenguas, el que da sermones y no Vd., y mientras estamos en esto me gustaría comentar en favor de lo que Vd. ha afirmado. *Bienes* significa cosas de valor. *Raíz* y su plural *raíces* se refieren a la parte de la planta que está en la tierra y también a *radical* en matemáticas. Bienes raíces son, entonces, la raíz de todos los bienes.

CORREDORA. Vamos al grano, a la carrera de bienes raíces. Es un oficio que exige mucho tiempo. Llaman al corredor a todas las horas del día y de la noche. Pero los dos principales ingredientes del éxito son la iniciativa y el don de gentes. Y si a éstos les añade Vd. el conocimiento de la propiedad y del posible cliente, puede ganarse una fortuna en comisiones en poco tiempo.

LECTOR. ¿Cuál es la comisión corriente?

CORREDORA. Siete por ciento. Con la venta de solamente una casa de $100.000 de valor, Vd. ganará la mitad de los $7.000. La compañía gana la otra mitad. Un buen vendedor puede ganarse entre $25.000 y $50.000 anuales fácilmente.

LECTOR. ¿Cómo se prepara uno para ser corredor de bienes raíces?

CORREDORA. Todo está controlado por las leyes del estado donde vive Vd. Es necesario aprobar exámenes escritos. Generalmente hay dos categorías: vendedor y corredor. El vendedor es empleado del corredor. El examen de vendedor no es difícil para una persona inteligente, pero el de corredor incluye mucha contabilidad y un buen conocimiento de las matemáticas y de las operaciones financieras, hipotecas, etcétera.

LECTOR. Parece una carrera con posibilidades para el estudiante ambicioso.

CORREDORA. Sí, lo es. Si uno trabaja mucho, puede ganar mucho y vivir bien. Realmente no comprendo por qué no es más popular entre los estudiantes. El campo es perfecto para una persona con tacto que pueda comprender la emoción del comprador o de la compradora. En la compra de una casa casi siempre es la esposa quien la decide y no el esposo.

AUTOR. Es lo que me dice mi esposa. Es vendedora de bienes raíces, empleada de otro corredor, y ella gana bastante. La única desventaja es que mi esposa no tiene mucho tiempo y . . . según otro proverbio . . . el tiempo es oro.

Preguntas sobre el diálogo y el dibujo

1. ¿A quiénes ve Vd. en el dibujo?
2. ¿Por qué es cínico el proverbio que se ve en el dibujo?
3. ¿Por qué está disgustado el lector?
4. Según la corredora, ¿por qué compone la tierra el mejor de todos los valores?
5. Explique Vd. la comparación entre el oro y el oro negro.
6. Explique Vd. la derivación de bienes raíces.
7. ¿Por qué es exigente el oficio de vendedor de bienes raíces?
8. ¿Cuáles son algunas características del buen vendedor de bienes raíces?
9. Explique Vd. la diferencia entre el vendedor y el corredor de bienes raíces.
10. ¿En qué trabaja la esposa del autor?
11. ¿Qué es lo que habría dicho la corredora si hubiera tenido la última palabra del diálogo?

Puntos de partida

1. Describa Vd. el trabajo de un corredor.
2. Explique Vd. lo que es una comisión.
3. ¿Por qué (no) quiere Vd. ser corredor de bienes raíces?
4. La carrera de bienes raíces no es popular entre los estudiantes. ¿Por qué?
5. ¿Cuánto es la mitad de $50.000?
6. ¿Qué es lo que haría Vd. con comisiones de $20.000?
7. ¿Cómo se puede comprar un terreno?
8. Díganos en español un proverbio inglés.
9. ¿Para qué sirve una hipoteca?
10. ¿Cuáles son algunas cosas que uno debe saber antes de comprar una casa?

Temas para disertación

1. La tierra y sus usos.
2. Cómo vender (o comprar) un terreno.
3. La población del mundo.
4. La profesión de corredor de bienes raíces.
5. Varias formas de riqueza.

Para escribir en español

The reader, a young idealist, does not like the cynical proverb that we see in the drawing. The author says that it is not silly and, to explain the sense of the proverb, introduces the real estate broker. This Realtor affirms that land, like gold, is the most basic form of wealth, because we cannot create more land. While she is at it, the Realtor adds that land can also be the source of black gold, or oil. Here the author, who is a language professor, refers to what the words *real estate* signify in Spanish: the root of wealth. Now the Realtor gets to the point, which is the field of selling real estate. She tells the reader that it is really a demanding profession, but one that promises much success to salespeople who have initiative and personality. A salesman can make a fortune in commissions if he also has a knowledge of the value of property and of his customers. To be a broker it is necessary to pass written examinations that include mathematics and accounting. The examination for salespeople is less difficult. Saleswomen have had much success in many states. Don't forget that almost always it is the wife instead of the husband who makes the decision in the purchase of a house.

---

el corredor, la corredora broker
los bienes raíces, la finca raíz real estate
el lector, la lectora reader
el autor, la autora author
prometer to promise
en vez de instead of
poner to put
regular so-so
el mundo world
el oro gold
único only
imponer to impose
loco mad, crazy
financiero financial
la tierra earth, land
el sentido sense
construir to construct
componer to make up, comprise

la riqueza wealth
la fuente source
crear to create
la población population, people
olvidar to forget
la lengua language
mientras estamos en esto while we're at it
el valor value
la raíz root
referirse (ie, i) a to refer to
ir al grano to get to the point
exigir to demand
el éxito success
llamar to call
el don de gentes personality, winning ways
añadir to add

el conocimiento knowledge
la propiedad property
corriente current
por ciento percent
la venta sale
la mitad half
la ley law
el estado state
aprobar (ue) un examen to pass an examination
incluir to include
la contabilidad accounting
la hipoteca mortgage
el campo field
el comprador, la compradora buyer
la compra purchase
el esposo, la esposa husband, wife
el terreno (piece of) land, lot

4 El escritor

ESTUDIANTE.   ¿Es Vd. el verdadero Ernest Hemingway?

HEMINGWAY.   Sí, reencarnado, para otorgarle esta entrevista. Los lectores de mis libros saben que siempre sentí una atracción especial por el mundo hispánico, como en *The Sun Also Rises*, *For Whom the Bell Tolls* y tres novelas que tienen lugar entre Cayo Hueso (Key West) y Cuba.

ESTUDIANTE.   Ah, sí, *The Old Man and the Sea* es una de mis favoritas. Pero entremos en materia. ¿Cómo se llega a ser escritor?

HEMINGWAY.   Con talento. Y mucha lectura de otros escritores. Mire, amigo mío, la pregunta es muy grande. En ninguna escuela, en ningún curso pueden enseñarle a escribir; es decir, no pueden darle la visión ni la intuición necesarias, pero sí pueden enseñarle el estilo y pueden criticarle. Y hasta hay escritores de talento sin estilo.

ESTUDIANTE.   Vd. no era graduado de ninguna universidad y su escuela de estilo era el periodismo, ¿verdad?

HEMINGWAY.   Sí, en la primera parte de mi carrera yo era reportero de periódicos en Kansas City y en Toronto.

ESTUDIANTE.   Pero mi profesor de escritura dice que el periodismo es la peor forma de escribir, que hay muchísimos estudiantes de periodismo que no saben bien ni la gramática ni la sintaxis, ni mucho menos el deletreo. Con la excepción de algunos famosos periódicos de gran circulación, los periódicos regionales están, en general, mal escritos por periodistas de poca cultura. ¿Cuál es la opinión de Vd.?

HEMINGWAY.   No todo eso es completamente falso, aunque es una exageración. Pues, mi opinión es que el periodismo puede enseñarle algo muy importante—la síntesis, la brevedad, el decir las cosas con economía de palabras. Y puede indicarle sus defectos, porque sus críticos son no solamente los otros cronistas sino los lectores.

ESTUDIANTE.   Le he preguntado cómo se hace uno escritor. Ahora, ¿por qué se hace uno escritor?

HEMINGWAY.   En el fondo, uno no escribe para un público ni por el dinero ni por la fama. Uno escribe para hacer una cosa buena. Si uno tiene otro propósito, se engaña. Y uno nunca debe escribir sobre un tema que no conozca bien, pero muy bien.

ESTUDIANTE.   Una pregunta práctica. Hay pocos escritores con don creativo para la literatura de ficción y sin embargo hay muchos con la técnica para escribir con fuerza y claridad. ¿Qué pueden hacer? Se lo pregunto a Vd. porque me cuento entre ellos.

HEMINGWAY.   Hay demanda. Cada industria o compañía grande, por ejemplo, produce una revista para sus empleados o accionistas. La universidad de Vd., ¿no publica una revista para los ex-alumnos? Y cada casa editorial emplea a muchos redactores con talento para los detalles y tacto para tratar con autores ... ¡la mayoría egoístas como yo! De todos modos abundan las oportunidades. Recuerde que cada libro publicado ha sido redactado en la editorial, ¡hasta éste! Bueno, debo marcharme.

ESTUDIANTE.   Antes de marcharse, por favor dígame: para reencarnarse ¿de dónde ha venido Vd., del cielo o del infierno?

HEMINGWAY.   Ni del uno ni del otro. Todos los escritores están en el limbo, porque en su vida ningún escritor ha tenido suficiente tiempo para decir todo lo que quiere decir. Además el mérito de un escritor no se sabe inmediatamente sino solamente con el paso del tiempo.

ESTUDIANTE.   Entonces, si me atrevo, una pregunta final: ¿Por qué se suicidó Vd.?

HEMINGWAY.   Para abreviar la novela de mi vida, que estaba llegando a ser demasiado larga, desordenada y sin solución. Adiós.

Preguntas sobre el diálogo y el dibujo

1. ¿Por qué hay un gato en el dibujo?
2. ¿Qué opina Vd. del dibujo?
3. ¿Quién fue Ernest Hemingway?
4. ¿Cuál es el mérito de un curso de escritura?
5. ¿Qué oficio tenía Hemingway antes de llegar a ser novelista?
6. ¿Qué es lo que le parece a Hemingway una exageración?
7. ¿Qué es lo que puede hacer el periodismo por un joven escritor?
8. Según Hemingway, ¿con qué propósito debe uno escribir?
9. ¿Qué puede hacer el escritor que no tiene talento para la literatura de ficción?
10. ¿Cuáles son las cualidades necesarias para un buen redactor?
11. ¿Por qué no está Hemingway en el cielo?
12. ¿Por qué (no) le parece a Vd. auténtico el diálogo de esta lección?

Puntos de partida

1. Explique Vd. lo que es una entrevista.
2. ¿Cuál es la definición del *periodismo*?
3. Haga Vd. en español el deletreo de la palabra *escritor*.
4. Nombre Vd. en español un famoso periódico de Europa o de las dos Américas.
5. Explique Vd. lo que es un crítico.
6. ¿Qué significa *brevedad*?
7. ¿Quiénes son los lectores de este libro?
8. ¿Cuál es la diferencia entre *cronista* y *redactor*?
9. Haga Vd. un comentario sobre las diferencias entre una revista y un periódico.
10. ¿Qué opina Vd. del periódico de su región?
11. Nombre Vd. un escritor español o hispanoamericano importante y su novela más famosa. Si no puede Vd., ¿por qué no?
12. ¿Lee Vd. un periódico todos los días? ¿Por qué (no)?

Temas para disertación

1. Una entrevista con. . . .
2. El escritor que más me gusta.
3. La importancia de leer.
4. Las oportunidades para escribir.
5. (Escriba Vd. un artículo para un periódico.)

Para escribir en español

Let's get down to business. Ernest Hemingway, who in his real life committed suicide, has been reincarnated to grant an interview to a student. This student, a reader of Hemingway's novels, asks him how to become a writer. "With talent," says Hemingway, "and a lot of reading — you can't write if you don't read." The famous writer also says that no course or school of writing can make you a writer, but it can criticize your work and point out your defects. If, at heart, you know you do not have the creative gift for fiction, be practical and don't deceive yourself, because other opportunities for writing are abundant. One solution is the world of journalism: newspapers and magazines. At the beginning of Hemingway's career, he was a reporter for two newspapers with large readerships. Many journalists write with bad syntax but they all remember one thing: conciseness. If you can write with force and clarity, writers are in demand in industry. For example, every large company publishes a magazine for its employees or stockholders. Even universities put out magazines for their alumni. Or you could be an editor for a publishing house, where with the passing of time you would deal with famous authors. Anyhow, every book that has been published has also been edited, like this one. If it becomes too long, the editor abbreviates it.

---

el escritor, la escritora   writer
verdadero   real, true
reencarnar   to reincarnate
otorgar   to grant
la entrevista   interview
el lector, la lectora   reader
sentir (ie, i)   to feel
el mundo   world
tener lugar   to take place
entrar en materia   to get down to business
llegar a ser   to become
la lectura   reading
el estilo   style, craft
criticar   to criticize
el periodismo   journalism
el periódico   newspaper
la escritura   writing

la sintaxis   syntax, sentence structure
el deletreo   spelling
el, la periodista   journalist
la brevedad   brevity, conciseness
el, la cronista   reporter, feature writer, columnist
en el fondo   at heart
engañar   to deceive
práctico   practical
el don   gift
la fuerza   force, power
contar (ue)   to count
la revista   magazine
el, la accionista   stockholder
publicar, editar   to publish
el ex-alumno, la ex-alumna   alumnus, alumna
la (casa) editorial   publishing house, publisher

el redactor, la redactora   editor (*in the sense of one who corrects or refines the manuscript of an author*)
redactar   to edit
el detalle   detail
tratar con   to deal with
de todos modos   anyhow
abundar   to abound
recordar (ue)   to remember
marcharse   to leave
el cielo   heaven
el infierno   hell
el paso   passage, passing
atreverse (a)   to dare (to)
suicidarse   to commit suicide
largo   long
desordenado   disorderly, unruly
el gato   cat

Anuncios por palabras

5 Aprendiz de todo, oficial de nada

MARTA.   Aquí me tiene a punto de obtener el diploma y no he conseguido empleo permanente. Si no consigo nada, estoy pensando en matricularme para ser una estudiante graduada.

SRA. CONTRERAS.   ¿Cuál ha sido tu especialización universitaria?

MARTA.   La historia. Y me ha gustado.

SRA. CONTRERAS.   Pero, ¿cuál es tu meta?

MARTA.   Ese es el dilema. La clase de trabajo, no la sé.

SRA. CONTRERAS.   En otras palabras, no tienes meta. Una nunca debe matricularse como estudiante graduada sin meta. Además de tu interés en la historia, ¿qué sabes hacer?

MARTA.   Pues, sé vender. He trabajado de dependiente de vez en cuando. He pensado en recurrir a los anuncios por palabras, como el anuncio en la página anterior.

SRA. CONTRERAS.   ¡Ojo! Muchos anuncios, como ése, prometen un futuro fabuloso pero són solamente una trampa para convertirte, bajo el más sofisticado nombre, en una vendedora puerta a puerta de algún artículo no tan fácil de vender. O peor.

MARTA.   ¿Dónde anuncian puestos para viajantes entonces?

SRA. CONTRERAS.   Generalmente esos anuncios se encuentran en los periódicos y en las revistas profesionales de la industria que solicita viajante.

MARTA.   Sí, claro. Voy a buscar anuncios en los dos.

SRA. CONTRERAS.   Es necesario desconfiar de los anuncios de fraseología decepcionante, como "si es usted joven y dinámico" o "buscamos el candidato ideal". Y el tamaño del anuncio es, con frecuencia, inversamente proporcional al interés del empleo. Por ejemplo, "Empresa muy famosa busca especialista en difusión de ediciones artísticas". La "especialista" del anuncio será, a lo mejor, un vendedor o una vendedora de enciclopedias puerta a puerta. Desconfía también de las omisiones en los anuncios, especialmente del nombre de la empresa que ofrece el empleo.

MARTA.   Entonces, ¿cómo voy a buscar empleo? Realmente sé hacer muchas cosas, con todo el trabajo de tipo temporal realizado durante mi carrera universitaria. Secretaria, dependiente, camarera, recepcionista. . . . Soy una clase de aprendiz de todo, oficial de nada.

SRA. CONTRERAS.   Inscríbete en una agencia de colocaciones de buena reputación. Prepárate una buena hoja de vida con todos los datos elementales, estudios realizados, idiomas, cursos especiales, distinciones y experiencia. Y es muy importante demostrar que eres una persona responsable. No subvalores lo que sabes hacer. Si alguna empresa te ofrece un trabajo, investiga primero, infórmate y luego decídete. Buena suerte.

MARTA.   Gracias. La necesito.

Preguntas sobre el diálogo y el dibujo

1. ¿Qué clase de empleo ofrece el anuncio? (Su opinión.)
2. En el anuncio, ¿cuándo y dónde ofrecen entrevistas?

3. ¿Qué es lo que está pensando en hacer Marta si no consigue empleo?
4. ¿Cuál es el dilema de Marta?
5. ¿Cuál es la trampa de muchos anuncios por palabras?
6. ¿Qué clase de trabajo temporal ha realizado Marta?
7. ¿Qué es lo que debe aparecer en la hoja de vida?
8. ¿Por qué es importante no subvalorarse en la hoja de vida?
9. En el diálogo, ¿quién usa el "tú" y quién usa el "usted" y por qué?
10. ¿Cuál es su reacción sobre este diálogo?

Puntos de partida

1. ¿Qué es un anuncio clasificado?
2. ¿Qué es aprendiz de todo, oficial de nada?
3. ¿Cuál es uno de los gustos de Vd.?
4. ¿Qué es *iniciativa*?
5. ¿Cuál es la especialización de Vd.?
6. ¿Cuáles son algunas de sus metas para el futuro?
7. ¿Qué tipo de trabajo ha hecho Vd.?
8. ¿Cuáles son las ventajas sociales de ser recepcionista?
9. ¿Qué es un especialista?
10. ¿Por qué (no) se ha inscrito Vd. en la agencia de colocaciones de su escuela?
11. ¿Qué es lo que se debe hacer si una empresa le ofrece a Vd. un empleo?

Temas para disertación

1. Invente Vd. tres anuncios por palabras diferentes.
2. Lo que se puede vender puerta a puerta.
3. Un empleo que sé hacer.
4. Cómo preparar una hoja de vida.
5. Mis metas.

Para escribir en español

Here is a classified ad that offers excellent pay for a person with intitiative, attractive appearance, and the desire to get ahead. The work hours are flexible and no experience is necessary , but the ad does not describe the kind of work. The company offers interviews daily from 2 to 4 p.m. and the persons selected will be hired immediately. Martha is looking for a job but has not got one yet. She is on the point of resorting to want-ads like this one. She is also thinking about enrolling as a graduate student. Her major was history but she has never had any goals. She can sell, and has had part-time employment as a waitress and other jobs from time to time. In other words, a Jill-of-all-trades. Mrs. Contreras demonstrates that classified ads found in a newspaper or magazine can be deceptive. A job that promises a great future can be only the trick of a nameless company that probably is looking for door-to-door salespersons. Martha ought to register with a responsible placement agency. If she does not underestimate herself and if all the basic facts of her studies and awards and part-time employment appear in her dossier, then some company will offer her an interview. With good luck she will get a job.

aprendiz de todo, oficial de nada
  Jack/Jill-of-all-trades
el anuncio por palabras (*Spain*)**; el aviso limitado, el anuncio clasificado** (*parts of Spanish America*) classified ad, want-ad
el periódico newspaper
comenzar (ie) to commence
el horario schedule
el gusto pleasure
soñar (con) to dream (of)
el deseo de superación the desire to get ahead
la entrevista interview
la incorporación hiring
a punto de on the point of
obtener to obtain, get
conseguir (i, i) to obtain, get
pensar (ie) (en) to think (about)
matricularse (en) to enroll, register (*in a school*)

la meta goal
el, la dependiente clerk
de vez en cuando from time to time
recurrir a to resort to
la página page
¡Ojo! Be careful! Watch out!
prometer to promise
la trampa trick
bajo under
la puerta door
peor worse
el puesto position, job
el, la viajante commercial traveler
encontrarse (ue) to find oneself, be
la revista magazine
claro of course
desconfiar (de) to distrust
decepcionante deceptive
el tamaño size
la empresa company, firm

a lo mejor probably
ofrecer to offer
temporal temporary, part-time
realizar to undertake, complete
el camarero, la camarera waiter, waitress
inscribirse (en) to register (*with an agency, hotel, etc.*)
la agencia de colocaciones placement agency
la hoja de vida résumé, dossier, curriculum vitae
los datos data, facts, information
el idioma language
demostrar (ue) to demonstrate
subvalorar to underestimate
luego then, next
la suerte luck
aparecer to appear

6 El banquero (bancario)

RAMÓN. ¿Quieres decirme, Mónica, algo de tu trabajo en el banco?

MÓNICA. Con mucho gusto, Ramón, si en otra lección tú me dices algo de tu vida de bibliotecario.

RAMÓN. ¡Por supuesto! Pero ¡chitón!, aquí viene tu gerente.

GERENTE. Saludos, Mónica y Ramón. ¡Qué buena combinación! Libros y dinero. Con dinero, hay tiempo para los libros. Con libros, se puede prescindir del dinero. Pero nadie puede prescindir del banco. De todas las instituciones públicas, ¿sabéis dónde hay más tráfico? — En los supermercados y los bancos.

MÓNICA. Muy interesante, señor. Pero Ramón no tiene muchos libros y yo no tengo mucho dinero, aunque todos los días pasa una fortuna por mis manos.

GERENTE. Eres joven. Paciencia. Si puedes explicar algo de las oportunidades bancarias en muy pocas palabras, te prometo un aumento de sueldo. Me gustaría interesar a Ramón en una carrera bancaria. (*Se va.*)

RAMÓN. Bueno, Mónica, manos a la obra. Tú que eres banquera. . . .

MÓNICA. ¡Corrección! No soy banquera sino bancaria. Un simple empleado es bancario; los ejecutivos de banco son banqueros. En mi banco hay cuatrocientos empleados y ochenta ejecutivos . . . y entre éstos treinta vice presidentes. ¿Y sabes una cosa? Solamente diez de los treinta vice presidentes han sido cajero.

RAMÓN. Sé que eres cajera pero yo tenía la impresión de que la ventanilla de cajera era obligatoria para el principiante.

MÓNICA. No es así. Se puede empezar en cualquier departamento: contabilidad, préstamos, hipotecas, ahorros, reclamaciones, herencias, cuentas corrientes, cheques de viajeros, plica, relaciones públicas, cajas de seguridad, impuestos, nómina, valores, divisas . . . el departamento extranjero o internacional es el de más desarrollo y oportunidad hoy día.

RAMÓN. ¿Por qué?

MÓNICA. Porque existe cada vez más comercio internacional. Y más turistas extranjeros. Hasta los últimos años hay muchos bancos en muchas comunidades — fuera de Nueva York — que no han sabido otras monedas. No han sabido lo que es una peseta o un franco o un marco y ahora instalan impresionantes departamentos de extranjero. Las divisas son un buen negocio, con una comisión para el banco en cada transacción.

RAMÓN. Dinero, dinero, dinero. ¿Cómo saben los bancos que sus empleados son honrados?

MÓNICA. ¡Por el detector de mentiras! ¿No sabías que cada candidato al empleo tiene que someterse a una prueba?

RAMÓN. Pues, ¿qué clase de preguntas hacen? No hay nadie totalmente honrado, que nunca haya robado un cenicero en un hotel o que nunca haya dicho una mentira.

MÓNICA. Sí, por supuesto, pero no es cuestión solamente de la honradez sino de cosas como las drogas — la marijuana, la cocaína. Digamos que las preguntas son sagaces.

RAMÓN. Una pregunta más: ¿Están bien pagados los bancarios en general?

MÓNICA. Los banqueros, sí. Los bancarios, no. No puedo decir mentiras.

Preguntas sobre el diálogo y el dibujo

1. Dibujo: ¿Cómo sabemos qué es un banco?
2. Dibujo: ¿Cómo sabemos cuál es Ramón?
3. ¿Cuál es el pacto entre Ramón y Mónica?
4. ¿Quién aparece para participar en la conversación?
5. ¿Qué es lo que promete el gerente?
6. Explique Vd. la diferencia entre *banquero* y *bancario*.
7. En el banco de Mónica, ¿cuál es la proporción entre bancarios y banqueros?
8. ¿Qué clase de trabajo hace Mónica en el banco?
9. Nombre Vd. algunos departamentos del banco de Mónica.
10. Según Mónica, ¿cuál es el departamento de más desarrollo hoy día? ¿Por qué?
11. ¿Cómo sabemos que Mónica es honrada?
12. ¿Qué es lo que contesta Mónica a la pregunta final de Ramón?

Puntos de partida

1. Banco y dinero. Biblioteca y ¿qué?
2. Explique Vd. lo que son los intereses.
3. ¿Cuál es la ventaja de los cheques de viajeros?
4. ¿Cuál es la desventaja de los cheques de viajeros?
5. ¿Cuáles son algunos de los servicios de un banco comercial?
6. ¿En qué ventanilla se cobran los cheques?
7. ¿Cuáles son algunas cosas que uno guardaría en la caja de seguridad?
8. ¿Cómo es posible trabajar en un banco sin ver dinero?
9. ¿Cómo se llama la moneda de España? ¿De Francia?
10. ¿Qué es una mentira?
11. Diga Vd. una mentira.
12. En la opinión de Vd., ¿cuánto dinero es "bien pagado" si una persona tiene veinticinco años?

Temas para disertación

1. Los servicios de un banco.
2. El dinero.
3. Las divisas.
4. La vida de una cajera.
5. El detector de mentiras.

Para escribir en español

Greetings! But hush! Let's get to work. To begin, two young people are talking to each other. One is a librarian and the other works in a bank. The manager appears and promises his employee a raise if she will explain something about banking opportunities. She tells us that of course you have to be honest to work in a bank, where fortunes can pass through your hands every day. Nowadays every candidate for a job in a bank has to take a lie detector test. Although many beginners work at the teller's window, not many executives have been tellers. One of the most impressive and growing departments is the international one, or foreign exchange, with more and more tourists and international trade. When the bank buys or sells marks, francs, or pesetas, or sells traveler's checks, it earns a commission. Banks are a kind of supermarket of money. They earn money with any transaction like loans, mortgages, estates, securities, even safe-deposit boxes. They also make more money with the money that you keep in checking accounts and savings accounts. Although they have to pay money too — interest, taxes, payroll — in recent times banks have been a very good business, because like supermarkets we cannot do without them.

---

el banco   bank
el banquero, la banquera   banker (*executive*)
el bancario, la bancaria   bank employee (*not executive*)
bancario (*adj.*)   banking
el letrero   sign
la vida   life
el bibliotecario, la bibliotecaria   librarian
por supuesto   of course
¡chitón!   Hush!
el, la gerente   manager
el saludo   greeting
el dinero   money
el tiempo   time
prescindir de   to do without
el supermercado   supermarket
aunque   although
la mano   hand
la paciencia   patience
prometer   to promise
el aumento de sueldo   increase in salary, "raise"

Manos a la obra.   (Let's) get to work.
el ejecutivo, la ejecutiva   executive
el cajero, la cajera   cashier, teller
la ventanilla   teller's window
el, la principiante   beginner
empezar (ie)   to begin
cualquier   any
la contabilidad   bookkeeping, accounting
el préstamo   loan
la hipoteca   mortgage
los ahorros   savings; **la cuenta de ahorros**   savings account
la reclamación   complaint, claim
la herencia   inheritance, estate
la cuenta corriente   checking account
el cheque de viajeros   traveler's check
la plica   escrow
la caja de seguridad   safe(ty)-deposit box
el impuesto   tax
la nómina   payroll
los valores   securities; stocks and bonds
las divisas   foreign exchange

extranjero   foreign
el desarrollo   development, growth
hoy (en) día   nowadays
cada vez más   more and more
fuera (de)   outside (of)
la moneda   currency
la peseta   monetary unit of Spain
el franco   monetary unit of France
el marco   monetary unit of Germany
impresionante   impressive
el negocio   (piece of) business
honrado   honest
el detector de mentiras   lie detector
tener que   to have to, must
someter   to submit
la prueba   test
el cenicero   ashtray
la honradez   honesty
sagaz   shrewd, keen, discerning
aparecer   to appear
perder (ie)   to lose
cobrar   to cash, collect
guardar   to keep
el interés, los intereses   interest

7 El traductor

CLIENTE. ¿Está terminada la traducción?

TRADUCTOR. Sí, señor, aquí la tiene Vd. Y la factura.

CLIENTE. ¡Vaya! . . . sesenta dólares . . . son muchos.

TRADUCTOR. No, señor, para una traducción técnica, no. Los documentos jurídicos son muy difíciles de traducir con la precisión indispensable. Por éstos y los tratados científicos cobramos doble.

CLIENTE. ¿Cuánto cobran por las traducciones más sencillas?

TRADUCTOR. Por las cartas, los anuncios y los documentos no técnicos, cobramos dos céntimos por palabra.

CLIENTE. ¿Cuentan Vds. cada palabrita?

TRADUCTOR. Realmente, no. Para nosotros cada renglón representa diez palabras y cada hoja de papel representa doscientas cincuenta palabras. Hablo del papel 8½ por 11 [21,6 por 27,9 centímetros] de veinticinco renglones, a doble espacio.

CLIENTE. Me parece justo. ¿Pero cómo se calcula el costo de las traducciones más largas? Ya sabe Vd. que mi compañía fabrica plásticos. Es una empresa relativamente nueva y hasta ahora no hemos vendido nuestros productos en el mercado internacional. Sin embargo es nuestra intención tantear el mercado hispanoamericano con una versión en español de nuestro catálogo de productos.

TRADUCTOR. Estas cosas — catálogos, manuales de operación, servicio, mantenimiento, etcetera — las traducimos por contrato. Si Vd. me puede enviar un ejemplar de su catálogo, con mucho gusto tendrá nuestra propuesta sin demora.

CLIENTE. Muy bien. A propósito, tengo curiosidad por saber qué es lo que hacen las empresas muy grandes. ¿Tienen un cuerpo de traductores?

TRADUCTOR. Sí, una de sus rivales, la Dow Chemical Company, por ejemplo. Sus traductores son especialistas; es decir, son químicos además de saber muy bien una segunda o tercera lengua. Y están más o menos bien pagados, a diferencia de . . . para hablar francamente . . . los traductores independientes como mis socios y yo. Son a diferencia también de las secretarias bilingües que abundan y que suelen traducir solamente la correspondencia rutinaria. No suelen ganar más de lo que ganan otras secretarias. Pero hasta el traductor principal de una empresa famosa tiene una gran desventaja: él no es ejecutivo y nunca será presidente de la empresa. El oficio es un callejón sin salida.

CLIENTE. Interesante. ¿Pero no hay otras oportunidades para quien quiera ser traductor?

TRADUCTOR. Pues, sí, el gobierno en Wáshington . . . especialmente la Language Service División del Department of State . . . también el FBI, la CIA y el Immigration and Naturalization Service . . . y las Naciones Unidas en Nueva York. También existe la traducción literaria, pero ésta es un arte . . . y de poco éxito para los muchos que hacen la prueba. El saber dos lenguas no es garantía de ser un buen traductor.

CLIENTE. ¿No hay ninguna organización de traductores?

TRADUCTOR. Sí, la American Translators Association, P.O. Box 129, Croton-on-Hudson, Nueva York 10520, pero es pequeña y con pocos socios.

CLIENTE. Entonces, ¿cómo se hace uno traductor?

TRADUCTOR. Con suerte. Es una ventaja haber nacido un una familia bilingüe y es casi esencial haber pasado uno o dos años en el extranjero. El haber sido *Spanish major* no es suficiente, con muy pocas excepciones.

CLIENTE.   ¿Cuál es la preparación para ser intérprete?

TRADUCTOR.   La misma, pero es un oficio más difícil. No hay tiempo para la meditación sobre la mejor forma de traducir una palabra o de expresar un pensamiento. Los intérpretes de las Naciones Unidas son expertos . . . y están muy bien pagados, los mejores. Y tienen que saber dos lenguas además de su lengua nativa.

CLIENTE.   Yo que sé solamente inglés, los admiro a todos . . . y a Vd. también, Sr. . . .

TRADUCTOR.   Smith, a sus órdenes.

CLIENTE.   Mucho gusto. Me llamo Squiccimara, servidor de Vd. . . . padres italianos. . . .

Preguntas sobre el diálogo y el dibujo

1. Describa Vd. lo que ve en el dibujo.
2. ¿Cuál es la reacción del cliente ante la factura?
3. ¿Qué clases de traducción cuestan más?
4. ¿Cuánto cobran por las traducciones sencillas?
5. ¿Cuántos renglones hay en cinco hojas de papel?
6. ¿Para qué quiere el cliente una traducción de su catálogo?
7. ¿Qué clase de traducción se hace por contrato?
8. Nombre Vd. una ventaja y una desventaja de ser traductor con una empresa grande.
9. ¿Por qué no gana más una secretaria bilingüe?
10. ¿Qué es lo que es casi esencial para la preparación de un traductor?
11. ¿Es más difícil ser traductor o ser intérprete? ¿Por qué?
12. Explique Vd. la ironía de la conclusión.

Puntos de partida

1. Explique Vd. la diferencia entre *traductor* e *intérprete*.
2. ¿Qué es un intérprete simultáneo?
3. ¿Cuál es la lengua natural de Vd. y qué otras lenguas ha estudiado?
4. ¿Por qué (no) es Vd. *Spanish major*?
5. ¿Por qué (no) quiere Vd. ser traductor?
6. ¿Cuánto tiempo ha pasado Vd. en el extranjero? ¿Dónde? Si no ha pasado tiempo en el extranjero, ¿por qué?
7. ¿Dónde nació Vd.? ¿Dónde nacieron sus padres?
8. ¿Qué traducción es más difícil para Vd.?: ¿el inglés al español o el español al inglés? ¿Por qué?
9. ¿Qué es una factura?
10. ¿Cuál es uno de sus problemas con la traducción?

Temas para disertación

1. Cómo traducir los diálogos de este libro.
2. La preparación para ser traductor.
3. El diccionario y yo.
4. El tiempo que he pasado en el extranjero.
5. Mi traducción al español del Discurso de Lincoln en Gettysburg.

Para escribir en español

"Yes, luckily, we have finished your translation," says Mr. Smith, the translator, "and here is the bill." He explains that he and his partners are used to charging more for legal or scientific translations. The customer, Mr. Squiccimara (his parents were Italian), says that this seems fair and asks how much they charge for simpler documents like routine letters. "We count the words: two cents per word or twenty cents for each line," calculates Mr. Smith, "or longer translations, like catalogs and service manuals, by contract." This is interesting to Mr. Squiccimara because his new company, which manufactures plastics, wants to sell its products abroad and he will have to have a Spanish version of their catalog to try out the Spanish-American market. "We are at your service," says Mr. Smith: "Send us a copy of your catalog and we will send you our proposal without delay." Then they talk about translators: independent ones which are plentiful, and technical specialists at a dead end in big companies, unlike executives with bilingual secretaries. There are also opportunities with the government or the United Nations, but it is difficult to be a good translator or a well paid interpreter. Bilingual parents or a year or two spent abroad are an advantage but not a guarantee of success. Translation is an art. For example, wasn't it hard to translate these thoughts?

---

el traductor, la traductora translator (*of written communication*)
el intérprete, la intérprete interpreter (*of oral communication*)
la traducción translation
traducir to translate
la factura invoice, bill
¡Vaya! Gee! Wow!
el dólar dollar
jurídico legal
el tratado treatise
cobrar to charge
sencillo simple
la carta letter
el anuncio announcement, advertisement
el céntimo cent (*Spain*)
la palabra word
contar (ue) to count
el renglón line (*of print*)
la hoja de papel sheet of paper

parecer to seem
justo fair
largo long
fabricar to manufacture
la empresa company
nuevo new
el mercado market
tantear to try out, test
el mantenimiento maintenance
el contrato contract
enviar to send
el ejemplar copy
la propuesta proposal
la demora delay
a propósito by the way
el cuerpo body, corps
el químico, la química chemist
la lengua language
a diferencia de unlike
el socio, la socia partner, associate, member

bilingüe bilingual
abundar to abound, be plentiful
soler (ue) to be accustomed to, be used to
el ejecutivo, la ejecutiva executive
el callejón sin salida dead end
el gobierno government
el éxito success
la prueba try
la suerte luck
nacer to be born
pasar to spend (*time*)
en el extranjero abroad
el pensamiento thought
tener que to have to, must
a sus órdenes at your service (*polite expression*)
servidor de Vd. at your service (*polite expression*)
los padres parents
ante faced with; to

8 El oficial militar

Los grados de los oficiales

ARMADA ESPAÑOLA	ARMADA DE LOS ESTADOS UNIDOS	EJÉRCITO ESPAÑOL	EJÉRCITO, FUERZA AÉREA, INFANTERÍA DE MARINA DE LOS ESTADOS UNIDOS
Almirante	Admiral	**General de Ejército**	General
Vicealmirante	Vice Admiral	**General de División**	{ Lieutenant General { Major General
Contraalmirante	Rear Admiral	**General de Brigada**	Brigadier General
Capitán de Navío	Captain	**Coronel**	Colonel
Capitán de Fragata	Commander	**Teniente Coronel**	Lieutenant Colonel
Capitán de Corbeta	Lieutenant Commander	**Comandante**	Major
Teniente de Navío	Lieutenant	**Capitán**	Captain
Alférez de Navío	Lieutenant J(unior) G(rade)	**Primer Teniente**	First Lieutenant
Alférez de Fragata	Ensign	**Segundo Teniente**	Second Lieutenant
(Guardiamarina)	(Midshipman)	**(Cadete)**	(Cadet)

Fragmentos de una carta de John Paul Jones a la Comisión Naval del Congreso, el 14 de septiembre de 1775:

No basta que un oficial de la Armada sea un experto marino. Debe ser también un caballero culto, de modales refinados, de cortesía sin tacha y debe tener un sentido delicado del honor personal. No solamente ha de poder expresarse con claridad y energía en su propio idioma, verbalmente y por escrito, sino que también ha de saber hacerlo en francés y en español. Debe conocer bien los principios fundamentales del Derecho Internacional y la práctica general de la jurisprudencia naval. Ha de estar al corriente de los usos de la diplomacia, porque a menudo surgen en aguas extranjeras emergencias que le obligan a ser representante diplomático y militar de su patria y a actuar sin poder consultar a sus superiores civiles o militares. Estos son los requisitos generales para poder servir bien a su patria y obtener fama y honores para sí mismo.

EXTREMISTA.   "Fama y honores" — ¡qué vanidoso! ¡Deberes! Creo más en los derechos.

MODERADO.   Mahatma Ghandi dijo: "La verdadera fuente de los derechos es el deber. Si todos cumplimos con nuestros deberes, será fácil hacer que se respeten nuestros derechos".

EXTREMISTA.   Como yo, Ghandi no habló de los deberes y derechos institucionales sino individuales. Además fue pacifista. El ROTC,[1] por ejemplo, no tiene ni el deber ni el derecho de estar aquí en nuestra universidad, donde son incompatibles la investigación libre y la doctrina militar.

MODERADO.   Si Vd. es tan tolerante y liberal, haga lugar para todos.

EXTREMISTA.   Muy bien. Debe haber una votación estudiantil; es nuestro derecho. La universidad debe ser una democracia.

PROFESOR AGREGADO.   No, "meritocracia". ¿Cómo puede ser una democracia pura sin degeneración en anarquía?

OFICIAL MILITAR.   Señores, hay otro punto de vista: ¡Ofrecemos empleo! Desde que finalizó la Segunda Guerra Mundial hemos vivido al borde de una nueva gran guerra, que se ha podido evitar gracias a los norteamericanos que la han dividido en muchas guerras pequeñas. Para eso necesitamos oficiales reservistas, cuya fuente principal son los AROTC,[2] NROTC[3] y AFROTC[4]

---

1.   Reserve Officers Training Corps.   2.   Army Reserve Officers Training Corps.   3.   Naval Reserve Officers Training Corps.   4.   Air Force Reserve Officers Training Corps.

en ciertas universidades, aunque el graduado de universidad sin ROTC puede solicitar entrada a la OCS.[5] ¿Saben Vds. que la paga anual de un segundo teniente o de un alférez es muy bueno? — $12.000 más bonificaciones, pensión y medicación. Hay un examen de entrada, naturalmente, pero si el candidato lo aprueba, durante los cuatro años universitarios el gobierno lo paga todo — gastos de matrícula, pensión, libros, uniformes, un estipendio mensual y cada verano la instrucción práctica, por ejemplo un buque escuela para los guardiamarinas. O el estudiante puede participar en el programa "por contrato" y pagar sus propios gastos universitarios a cambio de menos servicio futuro.

EXTREMISTA.   ¡Ah! ¿Y los deberes?

OFICIAL MILITAR.   Llamémoslos "condiciones". Hay ciertos cursos militares que forman parte del plan de estudios y hay ciertas limitaciones en la conducta personal, pero al graduarse el joven oficial tiene seis años de servicio militar garantizados, o tres años en el caso del graduado "por contrato". Al fin de los años obligatorios, tres o seis, el entonces primer teniente o capitán habrá tenido la experiencia para varios tipos de empleo no militar, como piloto o ingeniero . . . o quizá el reservista pueda convertirse en permanente.

PROFESOR AGREGADO.   ¿Cuánto gana el coronel o el capitán de navío?

OFICIAL MILITAR. $30.000 más bonificaciones . . . que son considerables.

PROFESOR AGREGADO.   ¡Me alisto!

EXTREMISTA.   Los militares no merecen tanta paga.

MODERADO.   . . . a menos que surja la guerra, o guerrita, y que sea su deber arriesgar la vida . . . por los derechos de los otros.

Preguntas sobre el diálogo y el dibujo

1. ¿Qué vemos en el dibujo?
2. ¿Qué grado del ejército corresponde al capitán de corbeta naval?
3. ¿Cuál es el grado del cadete después de graduarse en su programa militar?
4. ¿En qué año y a quiénes escribió la carta John Paul Jones?
5. Según John Paul Jones, ¿cuál es la definición del caballero culto?
6. ¿Qué idiomas eran los más importantes para el oficial de la Armada Norteamericana de 1775?
7. ¿Cuándo no consulta a sus superiores el oficial militar?
8. ¿En qué sentido es vanidoso John Paul Jones?
9. ¿Por qué menciona el Moderado a Mahatma Ghandi?
10. Según el Oficial militar, ¿por qué son esenciales los reservistas?
11. ¿Cuáles son las bonificaciones del cadete de ROTC?
12. ¿Qué es lo que hacen los guardiamarinas cada verano?
13. ¿Cuánto servicio militar es obligatorio para el graduado del ROTC?
14. ¿Por qué dice "¡Me alisto!" el Profesor agregado?

Puntos de partida

1. ¿Quién era John Paul Jones?
2. ¿Qué es lo que (no) le gusta a Vd. de la carta de John Paul Jones?
3. ¿Qué es un pacifista?
4. "Meritocracia" es una palabra inventada. ¿Qué quiere decir?
5. ¿Qué instituciones están en West Point, Annapolis y Colorado Springs?
6. ¿Qué es un reservista?
7. ¿Qué opina Vd. sobre la paga de los militares?

5.   Officers Candidate School.

8. Nombre Vd. en español dos o tres guerras famosas.
9. ¿Cuáles son los gastos mensuales o anuales de Vd.?
10. ¿Por qué (no) quiere Vd. ser militar?

Temas para disertación

1. John Paul Jones.
2. Los deberes y los derechos estudiantiles.
3. Los ROTC (no) deben estar en las universidades.
4. Cómo hacerse un oficial militar.
5. Las ventajas y las desventajas de la carrera militar.

Para escribir en español

Since the end of the Second World War the United States has needed reservists. The regulars are not enough in the case of a real emergency. Frequently these reservists are graduates of the ROTC programs in certain American universities. In exchange for their university expenses (room and board, tuition, and books are guaranteed, also a monthly stipend) and certain military instruction that is part of their curriculum, upon graduation these men and women are supposed to serve six years as officers in the Army, Navy, Air Force, or Marine Corps. Even the graduate who has not participated in the ROTC can request admission to OCS by entrance examination. An officer's pay, with allowances, is considerable, and second lieutenants or ensigns will soon be first lieutenants or lieutenants J.G. if they deserve the rank by fulfilling their military duties. The general requirements for being a good naval officer — the naval expert with a fine sense of honor, cultured, and informed of diplomatic practice — were expressed in 1775 by the "father of the American navy," John Paul Jones, in a letter to his civilian superiors. One can gain fame and honor for himself as he serves his country, perhaps now as then, although one can not avoid risking his life if a war arises.

---

el, la oficial militar military officer
la Armada, la Marina Navy
la Infantería de Marina Marine Corps
el Ejército Army
la Fuerza Aérea Air Force
el grado rank
la carta letter
bastar to be enough
culto cultured
los modales manners
sin tacha flawless
el sentido sense
haber de + *infinitivo* to be (expected, supposed) to
propio own
el idioma language
por escrito in writing
el principio principle
el derecho internacional international law
la práctica practice
al corriente (de) up to date (on), informed (of)
a menudo frequently
surgir to arise, come up

extranjero foreign
la patria fatherland, country
actuar to act
el requisito requirement
obtener to obtain
sí (mismo) -self
vanidoso vain
el deber duty
el derecho right
verdadero true, real
la fuente source
cumplir con to fulfill
respetar to respect
libre free
el lugar place, room
la votación voting, vote
el profesor agregado assistant professor
el punto de vista point of view
ofrecer to offer
la Guerra Mundial World War
al borde de on the edge of
evitar to avoid
cuyo whose
aunque although
graduar(se) en to graduate from

la entrada entrance
la paga pay, salary
la bonificación allowance
la pensión room and board
el examen examination
aprobar (ue) to pass (*an examination*), approve
el gobierno government
el gasto expense
los gastos de matrícula tuition
mensual monthly
el verano summer
el buque escuela training ship, "cruise"
el contrato contract
a cambio de in exchange for
el plan de estudios curriculum
garantizar to guarantee
el fin end
quizá(s) perhaps
permanente "regular" (as opposed to *reservist*)
alistarse to enlist, sign up
merecer to deserve
a menos que unless
arriesgar to risk

9 La enfermera y el técnico en medicina

ENFERMERA. La doctora le atenderá dentro de un momento. Vd. es el último paciente del día.

MAESTRO. No estoy enfermo . . . es decir, no soy paciente. He venido. . . .

ENFERMERA. Ah, sí, Vd. es el señor que iba a venir al final de las horas de consulta para informarse de las carreras médicas. Está indicado aquí en el librito.

MAESTRO. La doctora y yo hablamos por teléfono. Soy maestro y me han nombrado consejero y necesito saber más sobre la medicina . . . y la doctora muy bondadosamente. . . .

ENFERMERA. Sí, comprendo, pero la "medicina" es una palabra muy amplia. Además de los médicos y de las enfermeras o enfermeros hay otras muchas clases de oficios médicos que representan grandes oportunidades para los interesados en la medicina pero que no insistan en ser médico.

MAESTRO. ¿Está hablando de los paramédicos?

ENFERMERA. Pues, no, eso no es exacto. Mire Vd., los farmacéuticos y los optometristas son paramédicos en el sentido más básico de la palabra, pero durante los últimos años el "paramédico" ha llegado a ser una clase de técnico de primeros auxilios. No es la misma cosa que el médico auxiliar, por ejemplo, cuya formación consiste en el grado de *Bachelor of Science in Medicine*, una forma muy condensada de la escuela de medicina.

MAESTRO. ¿Es una clase de enfermero o enfermera?

ENFERMERA. De ninguna manera. Bajo la supervisión del médico en clínicas y hospitales, especialmente del pediatra, el médico auxiliar examina a los pacientes y administra tratamientos rutinarios. La enfermera presta atención a los enfermos o a los heridos siempre después de la diagnosis del médico o, en algunos casos, del médico auxiliar.

MAESTRO. Si Vd. no tiene inconveniente en explicarme un poco más mientras viene la doctora, ¿puede decirme cuál es la diferencia entre la enfermera graduada y la practicante?

ENFERMERA. Con mucho gusto. Pero para que lo sepa, en muchos países extranjeros existen otras clases de enfermeras no tituladas como, por ejemplo, la partera, quien trabaja usualmente a domicilio y con un permiso o certificado que reconoce su experiencia práctica. En los Estados Unidos la practicante no es partera, aunque tiene certificado y con frecuencia dispensa cuidados a domicilio, donde se ocupa de los niños, ancianos, inválidos o de las personas mentalmente deficientes que no necesitan los servicios de una enfermera diplomada. En los Estados Unidos solamente la diplomada puede repartir medicinas o medicaciones o — una profesión que puede ser lucrativa — ser directora de su propio sanatorio particular.

MAESTRO. Naturalmente hay enfermeros auxiliares.

ENFERMERA. Sí, y también voluntarias, que se llaman ayudantes. Pero no olvidemos a los técnicos de laboratorio de varios tipos. Un campo estupendo de especialización pregraduada o graduada es el servicio de administración de hospitales. Los sueldos administrativos son de tipo ejecutivo.

MAESTRO. Pero el oficio más prestigioso sigue siendo el de médico — capitán del equipo. (*Se abre la puerta y aparece la médico.*) . . . o capitana.

MÉDICO. Buenas tardes. Pase Vd.

Preguntas sobre el diálogo y el dibujo

1. ¿Por qué no hay pacientes en la sala de espera?
2. ¿Quiénes son las dos personas que están en la sala de espera?
3. ¿Para qué ha venido el maestro?
4. ¿Quiénes han hablado por teléfono?
5. ¿Por qué es tan amplia la palabra *medicina*?
6. ¿Qué significa *paramédico* en el pequeño sentido de la palabra?
7. ¿En qué consiste la formación del médico auxiliar?
8. ¿Quién hace la diagnosis?
9. ¿Cuál es la función de la enfermera?
10. Explique Vd. la diferencia entre la enfermera graduada y la practicante.
11. ¿Qué clases de pacientes necesitan los servicios del sanatorio particular?
12. ¿En qué sentido es un buen campo la administración de hospitales?
13. ¿Quién aparece y cuál es su invitación?

Puntos de partida

1. ¿Por qué (no) es preferible ser el primer paciente del día?
2. Si Vd. fuera médico, ¿cuáles serían sus horas de consulta?
3. ¿Quién trabaja en la farmacia?
4. ¿Cuándo se va al hospital?
5. Indique Vd. la diferencia entre los pacientes de hospital y los de sanatorio particular.
6. ¿Qué clase de técnico no ve a los pacientes?
7. Hágale Vd. a otra persona de su clase de español una pregunta sobre esta lección.
8. ¿Qué son los primeros auxilios?
9. En el campo médico, ¿quiénes dan instrucciones y quiénes cumplen instrucciones?
10. ¿Por qué (no) quiere Vd. ser enfermero (enfermera)?

Temas para disertación

1. El equipo médico.
2. La formación de la enfermera.
3. No todos los enfermos son pacientes *o* No todos los pacientes son enfermos.
4. Cómo pasar una hora en la sala de espera.
5. Mi consejero.

Para escribir en español

"Medicine" is a very big field. The doctor, graduate of a medical school, is captain of the medical team, in which various other specializations and types of salary are represented. Pharmacists and optometrists lend their services and are paramedics in that sense, although "paramedic" has come to be a sort of technician for first aid. Another type of paramedic with more training is the physician's assistant, who can examine patients in the doctor's office or hospital and give routine treatment under the supervision of a doctor, frequently a pediatrician. Then there is the nurse, who works in a doctor's office or takes care of the sick in a hospital. (I don't mind telling you that there are male nurses too, and naturally women who are doctors.) In the United States only a registered nurse can give medicines or be the head of her own nursing home. The licensed practical nurse frequently devotes herself to elderly people or invalids who need care at home. Nurse's aides appear in hospitals, and in foreign countries there are various other kinds of nurses who usually have a permit that recognizes their practical experience, like the kindly midwife. We should not forget — not at all — the laboratory technicians or the young people with training for hospital administration, although the most prestigious job continues to be that of doctor. The doctor will be with you in a moment, in the dialog that follows, where we will find out more about medical careers.

el enfermero, la enfermera   nurse
el técnico, la técnico en medicina[1]   medical technician (*laboratory or general*)
el, la médico   physician, doctor (*of medicine*)
el maestro, la maestra   teacher
atender (ie)   to wait on, take care of, be with
último   last, final
el, la paciente   patient
la sala de espera   waiting room
enfermo   sick, ill
las horas de consulta   office hours
el consejero, la consejera   counselor, adviser
bondadoso   kind
amplio   big
el, la paramédico[1]   paramedic
el farmacéutico, la farmacéutica   pharmacist
el sentido   sense
llegar a ser   to get to be
los primeros auxilios   first aid
el, la médico auxiliar[1]   physician's assistant

la formación   training
la escuela de medicina   medical school
de ninguna manera   not at all
bajo   under
la clínica   clinic, doctor's office
el, la pediatra   pediatrician
el tratamiento   treatment
prestar   to lend, perform (*a service*)
herido   wounded
no tener inconveniente en   not to mind
la enfermera graduada (diplomada, titulada)[1]   registered nurse
la practicante[1]   licensed practical nurse
la enfermera no titulada, la enfermera auxiliar, la auxiliar de clínica[1]   any nurse of lower category than registered nurse
la ayudante de enfermera[1]   nurse's aide, volunteer nurse
el país   country, nation
extranjero   foreign
la (enfermera) partera[1]   midwife

a domicilio   at home
el permiso   permit
reconocer   recognize
los Estados Unidos   United States
aunque   although
dispensar los cuidados   to render care
ocuparse de   to devote oneself to
el niño, la niña   child
el anciano, la anciana   elderly person
repartir   to distribute, dispense
propio   own
el sanatorio particular   nursing home
olvidar   to forget
el campo   field
pregraduado   undergraduate
el sueldo   salary
seguir (i, i)   to follow, continue
el equipo   team
abrir   to open
la puerta   door
aparecer   to appear
cumplir   to fulfill, follow
pasar   to pass, come in

---

1.   Because of overlapping differences of function from country to country and legal limitations of function from state to state within the United States, it is impossible to render exact translations.

10 La médico

MAESTRO.   Buenas tardes. ¿Cómo está Vd.? ¡Oh! Es una pregunta delicada para un médico.

MÉDICO.   (*riéndose*) "Médico, cúrate a ti mismo" . . . del latín.

MAESTRO.   ¡Ajá! Vd. sabe que enseño latín . . . en una escuela secundaria. Por teléfono le expliqué solamente que necesitaba informarme de la carrera de medicina . . . para mis aconsejados. Hay tantos jóvenes que quieren ser médico. . . .

MÉDICO.   . . . y que nunca han estudiado latín.

MAESTRO.   Exacto. Pues, concedo que el latín no es esencial para llevarse en el mundo de hoy, pero estoy chapado a la antigua. Declaro que los idiomas — el latín para comenzar — las ciencias y las matemáticas son *disciplinas* en un mundo cada vez más indisciplinado.

MÉDICO.   Es una buena observación. Esas tres disciplinas son la mejor preparación para el pre-universitario con deseo de ser premedical en la universidad.

MAESTRO.   ¿Pero qué cursos debe tomar el premedical en la universidad?

MÉDICO.   Artes y ciencias; artes liberales en general. Además, el médico es científico y necesita obtener una base científica durante los cuatro años pregraduados: la biología, la física, la química orgánica e inorgánica y preferentemente el cálculo. Al tercer año universitario el premedical necesita aprobar la prueba de aptitud y de conocimiento MCAT (Medical Comprehensive Aptitude Test), cuya nota es muy importante para el ingreso en la escuela de medicina, tan importante como las notas universitarias en general y las recomendaciones de los profesores.

MAESTRO.   ¿Cómo es la escuela de medicina?

MÉDICO.   Cuatro años intensos. Los dos primeros años consisten principalmente en anatomía y ciencias, ya con orientación al cuerpo humano. Durante los dos últimos años la teoría se convierte en práctica: siempre bajo la supervisión del médico, el estudiante administra exámenes médicos, observa operaciones, interpreta los rayos X y, por turnos, administra cuidados en cada una de las especializaciones médicas.

MAESTRO.   ¿Para ampliar su experiencia?

MÉDICO.   Y para la identificación de su aptitud y futuro campo. Al graduarse se es interno en algún hospital durante un año y médico "residente" durante dos, tres, cuatro, hasta siete años más . . . depende de la especialización. La medicina es una profesión en la que se es aprendiz por mucho tiempo, con poca remuneración.

MAESTRO.   (*Se dispone a escribir una lista en su agenda.*) ¿Puede Vd. decirme cuáles son esas especializaciones?

MÉDICO.   La medicina interna, la cardiología, varias clases de cirugía, la ortopedia, la oftalmología, la neurología, la obstetricia-ginecología, la urología, la pediatría, la dermatología, la radiología, la anestesiología, la psiquiatría, la patología, el campo general que se llama la "medicina de familia" y otras.

MAESTRO.   Sé que Vd. es oftalmólogo pero ¿tiene alguna observación general sobre la medicina? La mayoría de la gente cree que todos los médicos son millonarios.

MÉDICO.   Los hay, como en muchas profesiones . . . pero . . . ¿ve Vd. ese aparato? Es indispensable para mi clínica. Costó $50.000. Lo compré a plazos y a los cinco o diez años estará anticuado. Se puede decir que cada paciente mío paga una proporción de la deterioración de ese aparato. ¿Ve Vd.?

MAESTRO.   (*riéndose*) Sí, veo muy bien. No necesito oftalmólogo.

Preguntas sobre el diálogo y el dibujo

1. ¿Dónde enseña el maestro? ¿Qué es lo que enseña?
2. ¿Por qué ha venido el maestro a hablar con la médico?
3. ¿Cuáles son las disciplinas importantes para el pre-universitario con deseo de ser premedical?
4. ¿Cuáles son los cursos casi indispensables para el premedical?
5. Indique Vd. lo que es esencial para el ingreso en la escuela de medicina.
6. Describa Vd. el programa de los dos últimos años de la escuela de medicina.
7. ¿Por cuánto tiempo se es interno? ¿Residente?
8. ¿Cuáles son tres de las posibles categorías de especialización?
9. ¿Cuál es la especialización de la médico del diálogo?
10. ¿Cuál es la observación de la médico sobre su aparato?

Puntos de partida

1. ¿Cómo está Vd. hoy?
2. ¿Por qué no estudió Vd. el latín? Si lo estudió, ¿por cuánto tiempo?
3. Nombre Vd. una profesión científica además de la medicina.
4. ¿Para qué profesión u oficio cree Vd. tener más aptitud?
5. Indique Vd. en español algunas partes del cuerpo humano.
6. Explique Vd. lo que es el interno.
7. ¿Por qué (no) tiene Vd. el deseo de ser millonario?
8. ¿Cuáles son una o dos diferencias entre la escuela secundaria y la universidad?
9. Describa Vd. al médico de su familia. Si no lo tiene, ¿por qué?
10. Pregúntele Vd. a su maestro o a su profesor algo que no sea delicado.

Temas para disertación

1. Cómo prepararse para ser médico.
2. Una definición de las artes liberales.
3. Por qué necesito una buena nota en este curso.
4. Lo que me dijo el médico.
5. Del médico que no pudo curarse.

Para escribir en español

There are so many of my advisees today who want to be doctors. In high school or the first year of college they should inform themselves of what a medical career is like. The knowledge of a scientist needs to be exact. As a base, in high school and in college, the premed should take courses whose discipline is more or less exact, like all the sciences and mathematics and even foreign languages — Latin to begin with. The liberal arts in general are also good undergraduate preparation, but almost essential for admission to medical school are biology, physics, organic and inorganic chemistry, and preferably calculus. Grades and recommendations and the MCAT aptitude test are so important. Medical school consists of four years, the last two of which are principally "rotations," under the supervision of doctors, for the care of patients in all the fields of specialization. Then one is an an intern in some hospital for a year and — more and more — a "resident" in one of these specializations, like pediatrics or what is called "OB-GYN," or even old-fashioned family medicine, now a field of specialization in itself. The general public does not know that young doctors are apprentices who need to get along for a good while without much remuneration. Then when they have an office they need to buy on credit a lot of equipment that can soon be obsolete. Don't laugh when I say that not all doctors are millionaires. And when they are, they never have time for themselves.

---

el, la médico   physician, doctor (*of medicine*)
reírse   to laugh
Médico, cúrate a ti mismo.   Physician, cure thyself.
enseñar   to teach
el aconsejado, la aconsejada   advisee
tanto   so much, so many
estudiar   to take (*a course*)
llevarse   to get along, manage
el mundo   world
hoy   today
chapado a la antigua   old fashioned
el idioma   language
comenzar (ie)   to begin
la ciencia   science
cada vez más   more and more
el deseo   wish, desire
el científico, la científico   scientist
obtener   to obtain, gain
pregraduado   undergraduate
la física   physics
la química   chemistry
preferentemente   preferably

el cálculo   calculus
aprobar (ue)   to take, pass (*an examination*)
la prueba   test
el conocimiento   knowledge
la nota   grade
el ingreso   admittance
la escuela de medicina   medical school
el cuerpo   body
último   last, final
bajo   under
médico   medical
los rayos X   X ray
el cuidado   care
ampliar   to widen
el campo   field
el interno, la interna   intern
el aprendiz, la aprendiza   apprentice
disponerse a   to get ready to
la agenda   notebook, memo pad
la medicina interna   internal medicine (*treatment of diseases*)
la cardiología   cardiology (*heart*)

la cirugía   surgery
la ortopedia   orthopedics (*bones, joints, muscles*)
la oftalmología   ophthalmology (*eyes*)
la neurología   neurology (*nervous system*)
la obstetricia-ginecología   obstetrics (*childbirth*) and gynecology (*female functions*)
la urología   urology (*urogenital system*)
la pediatría   pediatrics (*infants and children*)
la dermatología   dermatology (*skin*)
la radiología   radiology (*X-ray analysis*)
la anestesiología   anesthesiology (*anesthetics*)
la psiquiatría   psychiatry
la patología   pathology (*laboratory analysis of diseases*)
la mayoría de la gente   general public
el aparato   apparatus, machine
la clínica   clinic, doctor's office
a plazos   on credit
anticuado   obsolete

11 La corredora bursátil

Divagaciones de la corredora

Distinción en la economía . . . "¿Le gustaría ser candidata para corredora bursátil?" . . . las entrevistas . . . tantas entrevistas . . . la prueba de inteligencia . . . la prueba de aptitud . . . la simulación de situaciones telefónicas, tres llamadas al mismo tiempo. "El corredor realiza el noventa por ciento de sus ventas por teléfono". El manual de adiestramiento . . . los tres meses de orientación en la sucursal . . . las seis semanas de instrucción intensivas en la casa central en Nueva York . . . el examen calificativo del estado . . . y el de seis horas de la Bolsa de Nueva York . . . severo. Pero: "Felicitaciones, señorita, ya es corredora . . . le ayudaremos durante un año de prueba; después, vivirá solamente de las comisiones" . . . y del teléfono.

Por teléfono

CLIENTE. ¿Cuál es el tono del mercado de valores esta mañana?

CORREDORA. Altibajos, después de la pronunciada baja de las últimas sesiones, con transacciones moderadamente activas. La bolsa está, en nuestra opinión, excesivamente deprimida, y muy especialmente en la cotización de los valores de primera categoría. En vista de una posible recuperación de los valores industriales, recomendamos la acumulación de BMI. Como sabe Vd., con el capital y las reservas de BMI el riesgo es mínimo y los dividendos están seguros.

CLIENTE. ¿Cuál fue el precio del oro en Londres?

CORREDORA. Aumento de cuatro puntos la onza. El dólar declinó en todos los mercados europeos.

CLIENTE. La crisis del dólar es lo que me preocupa: la tasa de inflación, la tasa de interés, el balance de pagos. . . .

CORREDORA. ¿Sabe Vd. que hay un fondo de inversión con sus recursos invertidos al cien por cien en los metales preciosos? Si quiere más información. . . .

CLIENTE. Hablaremos mañana. Adiós.

Divagaciones de la corredora

Corredora bursátil . . . tres años . . . es un oficio duro . . . el dinero es duro, impersonal, agrio . . . el conservarlo es más duro de lo que es el ganarlo. Se dice que el dinero se ha hecho redondo para que ruede. El agente de acciones casi pierde contacto con la realidad . . . el cliente puede ganar o perder una fortuna con solamente una llamada telefónica. ¡Cincuenta llamadas cada día! que producen diez comisiones. ¿Qué es lo que me gusta menos? El papeleo . . . tremendo. Y no hay vacaciones. El estar de vacaciones es perder clientes y perder comisiones. ¿Qué es lo que me gusta? Cada día es diferente . . . emocionante cuando el mercado está activo . . . la satisfacción personal de ayudar al cliente a ganar dinero . . . el prestigio de ser corredora . . . las horas flexibles . . . la independencia. No, no es duro, es agridulce.

El próximo día, por teléfono

CLIENTE. Buenos días. ¿Cuál es el ritmo del mercado hoy?

CORREDORA. Muy activo. El índice de industriales Dow Jones ha bajado quince puntos. Mil trescientas bajas, cuatrocientas alzas, doscientos títulos sin variaciones. En las computadoras hay una ola de ventas de las acciones BMI.

CLIENTE.   Me gusta esa ola. Cómpreme BMI, diez mil acciones. Adiós.

El tercer día, por teléfono

CLIENTE.   ¿Qué me dice hoy?

CORREDORA.   Recuperación técnica del mercado. BMI ha subido cinco puntos desde el cierre de ayer.

CLIENTE.   Voy a realizar la ganancia. Venda las diez mil a la cotización corriente. Nunca se va a la quiebra con las tomas de beneficios. Adiós.

Divagaciones de la corredora

¿Quién ha ayudado a quién? Mi cliente ganó $5.000 en dos días y yo $300 en comisiones con la compra y venta de su BMI. El corredor bursátil . . . ¿puede ser la única carrera donde el empleado suele ganar más que su jefe? Es dulce.

Preguntas sobre el diálogo y el dibujo

1. ¿Qué es lo que ve Vd. en el dibujo?
2. El teléfono es indispensable para el corredor bursátil. ¿Por qué?
3. ¿Cuáles son las pruebas, los exámenes y la orientación de la candidata?
4. Describa Vd. el tono del mercado de la primera conversación telefónica.
5. ¿Por qué se recomiendan los valores de BMI?
6. ¿Por qué subió el precio del oro?
7. ¿Qué es lo que preocupa al cliente?
8. ¿Qué clase de fondo de inversión recomienda la corredora?
9. Según la corredora, ¿por qué es duro el oficio de corredor bursátil?
10. ¿Para qué se ha hecho redondo el dinero?
11. ¿Cuándo pierde el corredor clientes y comisiones?
12. ¿Cuáles son las satisfacciones de la corredora?
13. ¿Cuál fue la compra del cliente?
14. ¿Por qué vendió el cliente lo que había comprado el día anterior?
15. ¿Quién ha ayudado a quién?

Puntos de partida

1. ¿Cuál fue el tono de la bolsa de Nueva York ayer? ¿O la semana anterior?
2. En su opinión, ¿cuál será el tono de la bolsa de Nueva York mañana? ¿O la próxima semana?
3. ¿Cuánto le costaría a Vd. cien acciones de Motores Generales al precio de $60 por acción con comisiones del 6%?
4. ¿Por qué debemos comprar las acciones de _____?
5. Explique Vd. lo que es la inflación.
6. ¿Cuándo deben venderse las acciones?
7. Si Vd. tuviera $100.000 para invertir, ¿cómo los invertiría?
8. ¿Qué significa la expresión "tomas de beneficios"?
9. Explique Vd. la ventaja y la desventaja del oficio cuya remuneración consiste solamente en comisiones.
10. ¿Por qué (no) es Vd. accionista?

Temas para disertación

1. Por qué recomiendo las acciones de _____.
2. La inflación.
3. De la señora que perdió $100.000 en una inversión.
4. Los altibajos del mercado de valores.
5. Agridulce.

Para escribir en español

You cannot be a stockbroker without many interviews, aptitude tests, hard qualifying exams of the state and of the New York Stock Exchange, and months of intensive training in the home office and the branch office where you will work. If you are a good account executive you can usually make more money than your boss. You would like the independence of flexible hours and the satisfaction and prestige of helping customers make money, but you can be worried when the market goes down and your customers lose money. (You tell them when to buy, not when to sell.) There is a lot of paper work and you can never be on vacation without losing commissions, because you live on the telephone and on the commissions from the purchase and sale of securities. With the ups and downs of the market, every day is different. One ought to buy the stock or mutual fund when the market averages are depressed and sell it when prices go up. That is called taking profits — and you never go broke taking profits, as they say. Some stockholders, nevertheless, are not accustomed to investing their resources for profit but for the safe dividends (interest) of blue chips, where the risk of a big drop is minimal. If you want to speculate, in view of the balance of payments or the rate of inflation, buy gold or other precious metals. Money was made round so it can roll! To make money is hard, and to conserve money is harder, but the stockbroker will help you.

---

el corredor bursátil, la corredora bursátil; el, la agente de bolsa; el, la agente de acciones   stockbroker, "account executive," "customer's man"
la bolsa (de valores), el mercado (bursátil, de valores)   stock market
la bolsa   stock exchange
las acciones, los valores, los títulos   stock, securities, shares, issues
el, la accionista   stockholder
la divagación   musing, reverie
la distinción en la economía   honors in economics
la entrevista   interview
la prueba   test
de prueba   trial
la llamada   call
por ciento   percent; **cien por cien**   hundred percent
la venta   sale
la compra   purchase
el adiestramiento   training
el mes   month
la sucursal   branch office
la semana   week
la casa central   home office
calificativo   qualifying

el estado   state
ayudar   to help
el tono   trend
los altibajos   ups and downs
la baja   drop (*in price*)
el alza(*f.*)   rise (*in price*)
las transacciones   volume
deprimir   to depress
la cotización   quotation, price, value
a la cotización corriente   "at market"
el valor de primera categoría   "blue chip"
la vista   view
el riesgo   risk
seguro   secure
el oro   gold
Londres   London
el aumento   increase, rebound
el punto   point (*dollar*)
la onza   ounce
preocupar   to worry
la tasa   rate
el interés   interest
el pago   payment
el fondo de inversión   mutual fund
el recurso   resource
invertir (ie, i)   to invest
duro   hard, harsh

agrio   bitter
dulce   sweet
agridulce   bittersweet
el dinero   money
redondo   round
rodar (ue)   to roll
perder (ie)   to lose
el papeleo   paperwork
de vacaciones   on vacation
emocionante   thrilling
el ritmo   rhythm, pace
hoy   today
el índice   index, average(s)
subir   to go up
bajar   to go down
sin variaciones   unchanged
la ola   wave
el cierre   closing
ayer   yesterday
realizar la ganancia   to take profits
Nunca se va a la quiebra con las tomas de beneficios.   You never go broke taking a profit.
soler (ue) + *inf.*   to be accustomed to, usually (*plus verb*)
el jefe, la jefa   boss
especular   to speculate

12 El abogado

Un bufete. Reunión de los estudiantes interesados en la abogacía. Un abogado está contestando a sus preguntas.

ABOGADO.   . . . y la escuela de derecho comprende tres años. El primer año consta de materias como bienes raíces, contratos, agravios y derecho penal. El segundo año, de testamentos, tributación, procedimientos. El tercer año, de materias facultativas . . . varios aspectos del derecho mercantil, por ejemplo. Para los negocios el grado de abogado es tan válido como el grado de administración de empresas. Esta, en efecto, es la profesión alternativa para el exceso de abogados que existe hoy. Hay demasiado derecho, demasiados pleitos, insuficiencia de tribunales y de jueces, que son ex-abogados, muchas veces ex-políticos o amigos de políticos . . . y demasiados abogados. Vivimos en una sociedad litigiosa: divorcios, violaciones de los contratos, daños personales, fraudes y mil formas del incumplimiento de las responsabilidades civiles.

ESTUDIANTE.   Señor, tengo una pregunta sobre la escuela de derecho. No comprendo los grados. ¿Cuál es la diferencia entre la Ll.B. y la J.D.?

ABOGADO.   Ninguna. Antes, el grado conferido al graduarse en la escuela de derecho era la Ll.B., bachiller de leyes. Ahora, se llama la J.D., doctor en jurisprudencia o simplemente doctor en derecho. Es la misma cosa. La Ll.M., maestro en leyes, es post-graduado. La Ll.D., otra clase de doctor en derecho, es siempre honorífico.

ESTUDIANTE.   ¿Qué especialización recomienda Vd. para ser admitido a la escuela de derecho?

ABOGADO.   Cualquiera es aceptable pero mi preferencia sería el inglés o las lenguas extranjeras. El abogado debe saber escribir bien; la precisión es importante.

ESTUDIANTE.   ¿Quiere Vd. decirnos cuál es la mejor escuela de derecho?

ABOGADO.   Como abogado trato de no comprometerme con opiniones personales. Declaro solamente que es muy preferible estudiar derecho en el mismo estado donde uno se quiere recibir de abogado y ejercer la abogacía. El examen de cada estado es diferente porque los procedimientos legales son diferentes en cada estado.

ESTUDIANTE.   Vd. es abogado litigante, ¿verdad? ¿Cómo puede saber uno si tiene aptitud para la sala del tribunal?

ABOGADO.   En la sala del tribunal el abogado tiene que producir reacciones rápidas y muchas veces tiene que ser actor para inspirar la simpatía del jurado.

ESTUDIANTE.   ¿Acepta Vd. el caso cuando no cree en la inocencia del cliente?

ABOGADO.   El abogado es como el pastor o el cura: tiene que escuchar los problemas del cliente. Pero la diferencia consiste en la obligación del abogado de representar a su cliente, no de juzgarlo, y de hacer la mejor presentación posible en la sala del tribunal. Muchas veces lo justo y lo legal no son la misma cosa. Ante la ley, el que roba por hambre es tan culpable como el que roba por diversión.

ESTUDIANTE.   ¿Qué es lo que más le gusta de ser abogado litigante?

ABOGADO.   El solucionar una situación complicada, o en una palabra: ganar.

ESTUDIANTE.   Y no es necesario decir lo que menos le gusta.

ABOGADO.   En efecto. No es necesario.

Preguntas sobre el diálogo y el dibujo

1. ¿Cuál es el propósito de la reunión?
2. ¿Cuántos años comprende la escuela de derecho?
3. Además de la abogacía, ¿para qué otra clase de profesión es válido el grado de abogado?
4. ¿Por qué existen tantos abogados hoy?
5. Explique Vd. la diferencia y la semejanza entre los varios grados de abogado.
6. El abogado dice que trata de no comprometerse con opiniones personales, pero: ¿cuál es una de ellas?
7. ¿Qué clase de abogado es el de este diálogo?
8. Explique Vd. la comparación entre el abogado y el cura.
9. Ante la ley, ¿cuál es la diferencia entre el que roba por hambre y el que roba por diversión?
10. ¿Qué es lo que menos le gusta al abogado litigante?

Puntos de partida

1. Explique Vd. lo que es una materia facultativa.
2. ¿Quién preside en la sala del tribunal?
3. ¿Quiénes escuchan el testimonio?
4. En el caso de una acusación criminal, ¿qué decisión tiene que tomar el jurado?
5. Díganos uno de los problemas de Vd.
6. ¿Qué es lo que puede hacer un ex-político?
7. Nombre Vd. una responsabilidad civil.
8. Explique Vd. lo que es un testamento.
9. Invente Vd. una situación que sea aparentemente legal y sin embargo, en su opinión, injusta.
10. ¿Qué hizo el abogado famoso después de haber perdido el caso en la sala del tribunal?

Temas para disertación

1. La abogacía.
2. La sociedad litigiosa.
3. Lo justo y lo legal.
4. El ganar y el perder.
5. La pena de muerte.

Para traducir al español

"Any major is acceptable if you want to be admitted to law school, but a major in English or foreign languages is a good one, because a lawyer has to know how to write with precision." This is what a lawyer told some students interested in the legal profession. They had come to a meeting where he was answering their questions. He wanted them to understand that there is a glut of attorneys today but that often a law degree can be as valid for business as a degree in business administration. "Law school," he said, "consists of three years, with many electives in the third year, and the degree awarded is the doctor of laws, formerly called the bachelor of laws." We see that it is also preferable to study law in the same state where you want to practice law, because legal procedures are different in all the states. After being admitted to the bar, by state examination, some attorneys have an aptitude for the courtroom. It goes without saying that any lawyer listens to the problems of his client and then tries to solve them. Trial lawyers do not judge their clients innocent or guilty; they only represent them before the judge and jury, and it is their duty to make the best presentation possible. If a lawyer takes a case, he wants to win it.

el, la abogado   lawyer, attorney
el bufete   law office
la reunión   meeting
la abogacía   legal profession
la escuela de derecho   law school
comprender   to understand, comprise, cover
constar de   to consist of
la materia   material, subject
los bienes raíces   real estate
el contrato   contract
el agravio   injury, damage, tort
el derecho penal   criminal law
el testamento   will
la tributación   taxation
el procedimiento   procedure
facultativo   elective
el derecho mercantil   business law
los negocios   business
el grado   degree
la administración de empresas   business administration

el pleito   lawsuit
el tribunal   court
el, la juez   judge
la vez   time (*occasion*)
litigioso   litigious, pertaining to lawsuits
los daños   damages
el incumplimiento   nonfulfillment
ninguno   none
el bachiller, la bachillera en leyes   bachelor of laws
el doctor, la doctora en derecho   doctor of laws
el maestro, la maestra en leyes   master of laws
honorífico   honorary
la especialización   major
cualquiera   any
la lengua extranjera   foreign language
tratar de   to try to
comprometer   to compromise, commit
estudiar   to study

estado   state
recibirse de abogado   to be admitted to the bar
ejercer la abogacía   to practice law
el examen   examination
el, la abogado litigante   trial lawyer
la sala del tribunal   courtroom
tener que + *infinitive*   to have to, must
el jurado   jury
el cura   priest
escuchar   to listen (to), hear
juzgar   to judge
ante   before, in the presence of
robar   to rob, steal
el hambre (*f.*)   hunger
culpable   guilty
inocente   innocent
solucionar   to solve
ganar   to win
perder (ie)   to lose
la pena de muerte   death penalty

13 El agente de viajes

DOROTEA.   ¿Cómo quedó la entrevista?

VÍCTOR.   Bien. Creo que mi experiencia con las líneas aéreas cuenta para algo. Pero si esa agencia de viajes no me emplea, buscaré otra . . . y otra y otra.

DOROTEA.   Víctor, hace un año que somos auxiliares de vuelo. Sé que no es la vida encantadora que creen todos, pero el sueldo es bueno y viajamos mucho y conocemos a tipos interesantes. ¿Por qué quieres cambiar todo esto por un oficio de mucho menos sueldo en una agencia de viajes . . . donde estarás pegado al teléfono todo el día? Tú no me has dicho toda la historia, Víctor.

VÍCTOR.   Es que tengo ambición. A la larga deseo ser independiente. Con las líneas aéreas siempre seré un empleado más. Mi proyecto es ser agente de viajes algún día; es decir, propietario de mi propia agencia, con una buena renta y muchos empleados.

DOROTEA.   ¿Por qué dices "algún día"? Si tal es tu ambición, ¿por qué no montas una agencia ahora?

VÍCTOR.   Imposible. Hay dos obstáculos. El primero es que no se puede montar una agencia de viajes sin haber tenido dos años de experiencia como empleado en otra agencia . . . o sin tener empleados con dos años de tal experiencia. Hay que aprender, comenzando con la manera de preparar un tiquete aéreo correctamente, con todas las claves y las rutas mundiales, sin contar la computación de tarifas . . . tan complicadas hoy día.

DOROTEA.   Ah, sí, los doscientos pasajeros en nuestra cabina que han pagado la variedad de seis, siete u ocho tarifas por el mismo destino. Será una jaqueca para los vendedores de tiquetes.

VÍCTOR.   No solamente eso sino también los súbitos altibajos de las tarifas. Y los clientes con sus muchos cambios de proyecto. Pero surgen incidentes chistosos. Esta mañana en la agencia una señora entró y pidió un viaje por barco. "¿A dónde?" le preguntaron. "No es importante", respondió la señora, "con tal que el viaje dure diez días; necesito descanso". Bueno, la agencia gana el 7% al 10% de comisiones y la señora su reposo.

DOROTEA.   ¿Cuál es la política de transporte gratis para los empleados de la agencia de viajes? ¿Tan favorable como en las líneas aéreas?

VÍCTOR.   No. Cada año cada agencia recibe dos vuelos con descuento del 75%, uno nacional y el otro internacional, multiplicados por el número de empleados de la agencia. Pero eso no significa que el empleado mismo sea quien recibe los tiquetes. El patrón-propietario de la agencia puede usarlos todos . . . y ya ves por qué la agencia de viajes es una inversión atractiva para la posesión absentista.

DOROTEA.   Yo no sospechaba tal cosa. Aparte de eso, ¿cómo son las condiciones de trabajo?

VÍCTOR.   Mejores que las de las líneas aéreas. De nueve a cinco, sin trabajo de noche, sin huelgas, sin despidos, sin tanta rutina, porque la actividad de las agencias de viajes no está limitada a los viajes aéreos.

DOROTEA.   No me has dicho el segundo obstáculo para montar tu propia agencia ahora.

VÍCTOR.   El dinero, Dorotea, el capital. Y el dar fianza. ¿Sabes que para montar una agencia de viajes el propietario necesita depositar una fianza?

DOROTEA.   ¿Por qué?

VÍCTOR.   Los miles de dólares en existencias de tiquetes en blanco. Préstame $50.000 y estamos en marcha.

DOROTEA.   Hombre de ambición, buena suerte.

Preguntas sobre el diálogo y el dibujo

1. ¿Por qué hay un teléfono en el dibujo?
2. En el dibujo, ¿en qué está pensando Víctor?
3. ¿Cuál es el oficio actual de Víctor y Dorotea?
4. ¿Qué ventajas ve Dorotea en su oficio actual?
5. ¿Por qué quiere ser Víctor agente de viajes?
6. ¿Cuáles son los dos obstáculos para montar una agencia de viajes?
7. ¿Por qué no es tan fácil preparar un tiquete aéreo hoy día?
8. ¿Por qué no era importante el destino para la señora que pidió el viaje por barco?
9. Es posible que el empleado de una agencia de viajes no viaje mucho. ¿Por qué?
10. Haga Vd. una comparación entre las condiciones de trabajo del auxiliar de vuelo y las del empleado de una agencia de viajes.
11. ¿Por qué necesita depositar una fianza el propietario de una agencia de viajes?
12. ¿Por qué no presta Dorotea los $50.000 a Víctor?

Puntos de partida

1. ¿Hace cuánto tiempo que Vd. no es pasajero en una línea aérea?
2. ¿Cuál es una ambición de Vd.?
3. Invente Vd. un buen nombre para una agencia de viajes.
4. ¿Por qué no monta Vd. una agencia de viajes ahora?
5. Para un viaje, ¿cuál es el destino que más le interesa a Vd.? ¿Por qué le interesa?
6. Descríbanos Vd. un incidente chistoso.
7. ¿Por qué (no) necesita Vd. descanso ahora?
8. Explique Vd. lo que es un descuento.
9. ¿Por qué no se puede viajar a Madrid por barco?
10. ¿Cuál es la rutina de Vd. en un día normal?
11. En la opinión de Vd., ¿por qué (no) es encantador el oficio de agente de viajes o de empleado de un agente de viajes?

Temas para disertación

1. Mi viaje a _____ .
2. El viaje que yo haría con un tiquete aéreo gratis.
3. Víctor y Dorotea en el año 1995.
4. Cómo ser turista sin dinero.
5. Lo que vi en la agencia de viajes.

Para escribir en español

Dorothy and Victor have been flight attendants for a year. They travel a lot and meet interesting people on their flights. Also the salaries are good, not to mention the free transportation for their own trips. Everybody believes such a life is glamorous, but the routine is not easy. Victor wishes to trade all this for the job of travel agent, with no night work or strikes or layoffs or other things that happen. This is not a sudden change of occupation, because many travel agents have been airline employees. Victor's plan is to be independent some day and to set up his own agency with a good income. After an interview Victor

Hay mucho que apren-
der

knows that first he will need experience as employee of an established agency. There is much to learn about the complicated routings and codes for writing a domestic or international airplane ticket. With all the ups and downs of world fares nowadays, Victor suspects this can be a headache. He can also count on being tied to the telephone all day talking with customers who are looking for the best fares. In the long run, to be the boss or owner of a travel agency, Victor himself will need capital. It is also the policy that all travel agents post bond because they receive thousands of dollars of blank ticket stock. Nevertheless a travel agency can be a good investment, even for absentee ownership. With luck Victor is on his way. All will turn out well provided his ambition lasts.

el viaje   trip
el, la agente de viajes   travel agent
la agencia de viajes   travel agency
viajar   to travel
quedar   to be, turn out
la entrevista   interview
la línea aérea   airline
contar (ue)   to count
algo   something
hace + que + *present tense*   has, have been + *time*
el, la auxiliar de vuelo   flight attendant
encantador   glamorous
el sueldo   salary
conocer   to meet
cambiar   to change, exchange, trade
pegar   to stick, tie
a la larga   in the long run
desear   to wish
el proyecto   project, plan
el propietario, la propietaria   owner
propio   own
la renta   income

montar   to establish, set up
aprender   to learn
comenzar (ie)   to begin
la clave   code
la ruta   route, routing
mundial (*adj.*)   world
sin contar (ue)   not to mention
la tarifa   fare
hoy día   nowadays
el pasajero, la pasajera   passenger
el destino   destination
la jaqueca   headache
súbito   sudden
los altibajos   ups and downs
el cambio   change
surgir   to happen, come up
chistoso   funny
entrar   to enter
pedir (i, i)   to request
el barco   ship
con tal que   provided (that)
durar   to last
el descanso   rest
la política   policy

recibir   to receive
el vuelo   flight
el descuento   discount
nacional   domestic
el número   number
mismo   -self
el patrón, la patrona   boss
la inversión   investment
la posesión absentista   absentee ownership
sospechar   to suspect
de noche (*adj.*)   night
la huelga   strike
el despido   layoff
el dinero   money
la fianza   bond
la existencia   supply, stock
en blanco   blank
prestar   to lend
estar en marcha   to be under way
la suerte   luck
actual   present, current
el avión   airplane
pensar (ie) (en)   to think (about)

obsentista

pegar
tarifa

to = in order to =
para ser

14 La auxiliar de vuelo

PASAJERO.   (*inclinándose para encender el cigarillo de la pasajera*) Magnífica noche encima de las nubes. ¿Ve Vd. la luna?

PASAJERA.   Gracias. Sí, ¡y llovía tanto allá abajo durante el despegue. . . !

EL ALTAVOZ.   Señoras y señores, soy su capitán. Ascendemos a la altura de 39.000 pies o 13.000 metros. Se pronostica buen tiempo a lo largo de la ruta. El tiempo de vuelo a Honolulu será de seis horas, quince minutos. Les deseamos un feliz viaje.

PASAJERO.   ¿Se queda Vd. en Honolulu o continúa a Australia?

PASAJERA.   A Sydney, para ver los canguros.

PASAJERO.   Yo también pero no de vacaciones. Soy ingeniero y mi compañía tiene una sucursal allí. He viajado por esta ruta muchas veces.

PASAJERA.   ¿Qantas?

PASAJERO.   Ocho o nueve, creo.

PASAJERA.   (*riéndose*) No *cuántas* sino esta línea aérea.

PASAJERO.   Ah, sí, tragué el anzuelo. Nunca he preguntado lo que significa Qantas.

PASAJERA.   Queensland and Northern Territory Air Service. Al principio era una línea pequeña y nacional en Australia y ahora, como sabe Vd., es una grande e internacional, una de las mejores. Soy auxiliar de vuelo con American Airlines . . . de vacaciones.

PASAJERO.   ¡No me digas! ¡Una azafata! ¿Qué opina Vd. de ser servida en vez de servir?

PASAJERA.   ¡Magnífico! Pero ya no usamos la palabra "azafata". Somos auxiliares de vuelo.

PASAJERO.   Siempre he tenido curiosidad por saber cómo es esa carrera.

PASAJERA.   Pues, hay un examen de aptitud y luego cuatro o cinco semanas de clases. Se da relativamente poca instrucción en cómo servir comidas, pero mucha en el plan de los aviones, en los procedimientos de emergencia y en los primeros auxilios.

PASAJERO.   ¿Cómo se adelanta en la carrera?

PASAJERA.   De acuerdo con el sindicato—la única línea principal sin sindicato es Delta— todo va según la prioridad. Hasta las mejores rutas y la preferencia de la clase de trabajo en el avión.

PASAJERO.   ¿Por ejemplo?

PASAJERA.   Bueno, en general los vuelos más buscados son los extranjeros, como éste, si la línea aérea los tiene, o los vuelos de larga distancia. Y el trabajo en la cabina de primera clase en vez de clase económica, aunque algunos auxiliares de vuelo realmente prefieren no trabajar con la clientela, a veces exigente, de primera clase. Otros auxiliares de vuelo prefieren estar solos con los hornos en la cocina, donde se ocupan de las comidas en vez de los pasajeros.

PASAJERO.   Las ventajas de la vida viajera son evidentes, pero ¿cuáles son las desventajas?

PASAJERA.   La principal es la falta de continuidad en la vida, la falta de vida de hogar, la vida en los hoteles con el inevitable hacer y deshacer la maleta.

PASAJERO.   ¡Y sin embargo va a Australia como pasajera!

PASAJERA.   El tiquete es gratis, o casi gratis, una de las ventajas de la profesión, y en este vuelo no tengo responsabilidad y. . . .

AUXILIAR DE VUELO.   ¿Desean Vds. un refresco?

PASAJERO.   Sí. Dos champañas. ¿De acuerdo. . . ? No sé su nombre.

PASAJERA.   De acuerdo. Me llamo Amaranta.

P<small>ASAJERO</small>.   Y soy Ceferino. Brindemos por Australia. Amaranta, ¿me permites ocupar el asiento entre nosotros?

P<small>ASAJERA</small>.   Por supuesto, Ceferino.

E<small>L ALTAVOZ</small>.   Señoras y señores, su capitán otra vez. Por favor abróchense los cinturones. Tenemos un pequeño problema aquí y siento informarles que regresamos a San Francisco.

Preguntas sobre el diálogo y el dibujo

1. Describa Vd. lo que ve en el dibujo.
2. En las primeras palabras del diálogo, ¿por qué se inclina el pasajero?
3. ¿Cómo es posible ver la luna ahora si llovía en el momento del despegue?
4. Más o menos, ¿cuántos pies son un metro?
5. ¿Cuál de los dos pasajeros va a quedarse en Honolulu?
6. El ingeniero ha viajado por la ruta muchas veces. ¿Por qué?
7. ¿Quién está de vacaciones y quién no está de vacaciones?
8. Explique Vd. lo que es la mayor parte de la instrucción del auxiliar de vuelo.
9. Explique Vd. la división del trabajo de los auxiliares de vuelo.
10. Nombre Vd. dos ventajas del oficio de auxiliar de vuelo.
11. ¿Quién quiere ocupar otro asiento y por qué?
12. ¡Pobre Ceferino, pobre Amaranta! ¿Por qué pobres?
13. ¿Cuándo habla Ceferino con el *tú* en vez de con el *usted* por primera vez?

Puntos de partida

1. ¿Qué animal es típico de Australia?
2. Explique Vd. lo que es la prioridad.
3. ¿Por qué (no) desea Vd. un refresco ahora?
4. Describa Vd. su viaje más largo en avión.
5. ¿Qué clase de tiempo pronostica Vd. para mañana?
6. ¿Cuándo estará Vd. de vacaciones y por cuánto tiempo?
7. ¿Por qué existe una falta de continuidad en la vida de un piloto o de un auxiliar de vuelo?
8. ¿Cuáles son dos de las responsabilidades de Vd.?
9. ¿Cuándo es necesario abrocharse los cinturones?
10. ¿Cómo es la vida de hogar de Vd.?
11. ¿Por qué no puede Vd. brindar ahora?

Temas para disertación

1. Las ventajas y desventajas del oficio de auxiliar de vuelo.
2. Las diferencias entre primera clase y clase económica.
3. Cómo tener un feliz viaje.
4. La emergencia en el vuelo número 204.
5. Continuación de la historia de Amaranta y Ceferino.

Para escribir en español

Down there it was raining although above the clouds at cruising altitude I could see a wonderful night lighted by the moon. Then came the voice of the captain on the loudspeaker. He spoke of the weather along the route and of course wished us a pleasant trip. As I was looking for a cigarette, a passenger in the other seat gave me one of his and said, "My name is Ceferino and I am an engineer on a one-week vacation. This is going to be a long flight. Can we talk?" Laughing, I took the bait and told him that I was a flight attendant, also on vacation with a free ticket. "You don't say!" he answered, "I travel a lot too." At first we spoke of the airlines, foreign and domestic, and of the differences in how the flight attendants—no longer called stewardesses—serve the meals from the galley and deal with demanding passengers. Then I explained to him the traveling life of a flight attendant, the inevitable hotels and packing and unpacking of suitcases, and the seniority in accordance with the union. Instead of talking of other things, he wanted to know even more: the layout of airplanes, emergency procedures, and first aid. "Let's toast the airlines with champagne," said he. "Agreed," said I. We were moving ahead very well when the loudspeaker told us: "Ladies and gentlemen, there is a big problem with the ovens and we are sorry to say that we are returning to San Francisco."

---

el, la auxiliar de vuelo   flight attendant
la azafata   stewardess, hostess
inclinarse   to lean
el pasajero, la pasajera   passenger
encender (ie)   to light
el cigarrillo   cigarette
encima (de)   above
la nube   cloud
la luna   moon
llover (ue)   to rain
allá abajo   down below
el despegue   takeoff
el aterrizaje   landing
el altavoz   loudspeaker
la altura de crucero   cruising altitude
el pie   foot
pronosticar   to forecast
el tiempo   time, weather
largo   long; **a lo largo de**   along
la ruta   route
el vuelo   flight
desear   to wish
feliz   happy, pleasant
el viaje   trip
quedarse   to stay, stop, get off

el canguro   kangaroo
de vacaciones   on vacation
el, la ingeniero   engineer
la sucursal   branch (office)
viajar   to travel
la vez (*pl.* **veces**)   time, occasion
reírse   to laugh
la línea aérea   airline
tragar el anzuelo   to swallow the hook, take the bait
al principio   at the beginning
nacional   domestic
¡no me digas!   You don't say!
en vez de   instead of
ya no   no longer
luego   then, next, later
la semana   week
la comida   food, meal
el plan   layout
el avión   airplane
el procedimiento   procedure
los primeros auxilios   first aid
adelantarse   to advance oneself, get ahead
de acuerdo   in accordance, in agreement, O.K.

el sindicato   union
la prioridad   seniority
extranjero   foreign
aunque   although
exigente   demanding
el horno   oven
la cocina   kitchen, galley
ocuparse de   to deal with
el viajero, la viajera   traveler; **viajero**   traveling
la falta   lack
la vida de hogar   home life
hacer, deshacer la maleta   to pack, unpack the suitcase
el refresco   refreshment
el champaña   champagne
el nombre   name
brindar por   to make a toast to, toast
el asiento   seat
por supuesto   of course
abrocharse el cinturón   to fasten one's seat belt
sentir (ie, i)   to be sorry, regret
regresar   to return
el carrito   cart

15 El secretario

ADRIANA LA PRÁCTICA.   Amigas y hermanas de Beta Omega Delta, ¿habéis observado que el fin del semestre y de nuestros días universitarios está a la vuelta de la esquina?

CAROLINA LA GRATA.   Se acaban los días dorados; nos espera la realidad.

RENATA LA INTRANQUILA.   Y ninguna de nosotras ha podido obtener empleo hasta ahora, menos tú, Adriana, señorita ingeniero.

CAROLINA.   ¡Anímate, Renata!, vas a casarte con Ernesto.

RENATA.   Lo que significa que yo más que nadie necesito empleo, porque Ernesto se encuentra en la misma situación. Estoy preocupada.

SILVIA LA LINDA.   Yo también. Después de cuatro años de artes liberales, a mí me ofrecen el puesto de recepcionista. Es un insulto.

GLORIA LA PENSATIVA.   Yo no lamento esos cuatro años de artes liberales. Nos han dado una base de cultura general para el resto de la vida. Pero hoy, aparentemente, lo que se necesita es la pericia, el saber hacer algo, aún cuando no sea más que la operación de las diversas máquinas de oficina, lo que una persona inteligente puede aprender rápidamente.

RENATA.   Ernesto está pensando en el trabajo de oficina. Aprendió mecanografía y taquigrafía un verano y las ha practicado. Sabe tomar al dictado ciento veinte palabras por minuto y transcribirlas a máquina eléctrica en dos minutos.

CAROLINA.   Yo también sé taquimecanografía pero realmente prefiero no ser secretaria ni oficinista . . . ni recepcionista, como dice Silvia.

ADRIANA.   Con tu especialización en español, Carolina, podrías ser una secretaria bilingüe. . . .

SILVIA.   Estoy con Carolina. Se han acabado esos días. La mujer de hoy aspira a hacer más que el escribir a máquina y prepararle el café al jefe.

GLORIA.   ¿Sabéis una cosa? En la oficina de colocación de la universidad di con un librito del Ministerio de Trabajo de los Estados Unidos, *Occupational Outlook Handbook*, y me informó que durante la década 1980-1989 el empleo de oficina, especialmente el empleo de secretario, producirá más puestos de trabajo que cualquiera de las otras doscientas noventa y nueve clasificaciones de trabajo consideradas por dicho ministerio. Existe una gran escasez de secretarios y mecanógrafos.

SILVIA.   ¿Cómo es posible? Con más y más aparatos que economizan el trabajo manual.

ADRIANA.   Con la inevitable expansión de las corporaciones, todas con sus máquinas y computadores, se necesitan más computistas, informes, correspondencia y comunicaciones de toda clase.

CAROLINA.   Y posiblemente (el revés de la medalla) el movimiento feminista. ¿Lo admitimos?: hermanas, muchas de nosotras no buscamos empleo de oficina que no sea administrativo o que no conduzca a carreras administrativas.

GLORIA.   Mi hermana mayor en Houston es secretaria ejecutiva con una remuneración de $30.000 anuales. Tenía mucha experiencia de secretaria antes de casarse, y ahora con sus hijos ya salidos de la niñez le ofrecieron un magnífico puesto con un buen horario y un grato ambiente de trabajo.

SILVIA.   ¿Pero qué hace una en busca de su primer empleo cuando ni sabe escribir a máquina?

GLORIA.   Pues, una posibilidad es inscribirse en una escuela para secretarios. También leí que el 100% de los graduados de esas escuelas reciben ofertas de trabajo mientras que el 20% de las vacantes no pueden ocuparse. ¡Hay empresas que pagan primas a sus empleados que les procuren secretarias!

ERNESTO EL SERIO.   (*irrumpiendo en la habitación*) ¡Renata! ¡Felicítame! Tu prometido ha recibido una fabulosa oferta de la Empresa BMI. Secretario. ¡$14.000! y con posibilidades de ascenso. En Arizona. ¡¿Lo aceptamos?!

RENATA.   No sería malo vivir donde hay sol. Y si yo pudiera obtener trabajo allí también. . . .

CAROLINA.   . . . serían días dorados.

Preguntas sobre el diálogo y el dibujo

1. Describa Vd. el dibujo.
2. En el dibujo, ¿cuál es Silvia, cuál es Renata y cuál es Gloria? Explique la base de su opinión.
3. ¿Por qué está tan animado el joven del dibujo?
4. ¿Cuáles han sido los días dorados y por qué se acaban?
5. ¿Por qué están preocupadas todas las amigas menos Adriana?
6. ¿Quién es Ernesto y por qué está preocupada Renata más que nadie?
7. ¿Qué clase de oferta ha recibido Silvia y cuál es su reacción?
8. ¿Por qué cree Vd. que llaman a Gloria "la pensativa"?
9. Explique Vd. lo que es la pericia.
10. ¿Qué clase de trabajo sabe hacer Ernesto?
11. ¿Cuántas clasificaciones de trabajo considera el Ministerio de Trabajo y cuál de ellas ofrece más oportunidad ahora?
12. ¿Cuáles son dos posibles explicaciones de la escasez de secretarias?
13. ¿Cómo son las condiciones de trabajo de la hermana de Gloria y cuánto gana en Houston?
14. ¿Qué es lo que hacen algunas empresas para procurar secretarias?
15. Describa Vd. el fin del drama.

Puntos de partida

1. ¿Cuáles han sido los días dorados en la vida de Vd.?
2. ¿Cuándo se va a casar Vd.?
3. ¿Por qué es práctico el saber escribir a máquina?
4. ¿En qué tiene Vd. pericia? Si no la tiene en nada, ¿por qué?
5. ¿Es Vd. hermano o hermana de una hermandad? ¿Cuál? ¿Por qué (no)?
6. Explique Vd. lo que es una secretaria bilingüe.
7. Explique Vd. lo que se aprende en una escuela para secretarios.
8. ¿Por qué (no) quiere Vd. ser secretario o secretaria?
9. ¿Cuál es el propósito de una oficina de colocación?
10. ¿Tiene Vd. hermanos o hermanas, mayores o menores? Describa Vd. a su familia.
11. Para una persona de 23 años que no se ha casado, ¿qué remuneración cree Vd. que necesita para vivir sin estar intranquila?
12. Para Vd., ¿cuáles serían las mejores condiciones de trabajo posibles?

Temas para disertación

1. Mi hermandad.
2. El empleo de oficina.
3. El movimiento feminista.
4. Una comunicación del jefe.
5. Una descripción de mi hermano (hermana).

Para escribir en español

There is no sun in your life. It is the end of the semester and of your college days. The drama of fraternities and sororities and college life is over; the real world awaits you. You have been looking for a job. You have been thinking about an administrative position but have not found anything. "I don't know how to *do* anything," you have said to yourself, "liberal arts have given me only a general cultural background." Cheer up! In the United States there is, and there will be, a shortage of office workers with a know-how that can be learned by any more or less intelligent person. Yes, engineers will fill the offices of this decade with more computers and labor-saving devices, but the other side of the coin is that inevitably more computer operators and reports and communications of every kind will be needed. The day is even at hand when machines will take dictation and produce it as bilingual correspondence, but secretaries and stenographers and typists will still be needed. Anyone who finds himself without a job and wants to consider office work can enroll in a secretarial school. If you practice a lot you can learn typing and shorthand in one summer. This can lead to good working hours in a pleasant atmosphere, and promotions for the reliable person, possibly a bonus, because all of the big firms are in search of reliable people to fill their clerical vacancies. Today secretaries do more than type and make coffee for the boss, especially executive secretaries. Even though you get married and have children, when they are older or grown up you can get an office job with the skill learned when you were still a fiancée. Congratulate yourself if you learned to type when you were still in school.

---

el secretario, la secretaria   secretary
práctico   practical
el hermano, la hermana   brother, sister
la hermandad   fraternity, sorority
el fin   end
a la vuelta de la esquina   at hand
grato   pleasant
acabar(se)   to end
dorado   golden
esperar   to await
intranquilo   uneasy
obtener   to obtain
el, la ingeniero   engineer
animarse   to cheer up
casar(se) con   to marry
nadie   nobody, anybody
encontrarse (ue)   to find oneself, be
preocupar(se)   to worry
lindo   beautiful
ofrecer   to offer
el puesto   position, job
pensativo   pensive, thoughtful
la pericia   know-how, skill
aun cuando   even though
la máquina   machine, typewriter
escribir a máquina   to type
a máquina   on the typewriter
pensar (ie) (en)   to think (about)

el trabajo (empleo) de oficina   office work
la mecanografía   typing
el mecanógrafo, la mecanógrafa   typist
la taquigrafía   shorthand
el taquígrafo, la taquígrafa   stenographer
la taquimecanografía   shorthand and typing
el verano   summer
practicar   to practice
tomar al dictado   to take dictation
bilingüe   bilingual
la mujer   woman
el café   coffee
el jefe, la jefa   boss
la oficina de colocación   placement office
dar con   to find, come across
el Ministerio de Trabajo   Department of Labor
los Estados Unidos   United States
el puesto de trabajo   job, opening
cualquier(a)   any, anyone
la escasez   shortage
el aparato que economiza el trabajo manual   labor-saving device
el computador   computer

el, la computista   computer specialist or operator
el informe   report
el revés de la medalla   other side of the coin
el movimiento feminista   feminist movement
conducir   to lead
mayor   older
ejecutivo   executive
sus hijos salidos de la niñez   her children grown up
el buen horario   good working hours
el ambiente   atmosphere
en busca de   in search of, looking for
inscribirse   to enroll
la oferta   offer
la vacante   vacancy
ocupar   to occupy, fill
la empresa   firm, company
la prima   bonus
serio   earnest, reliable
irrumpir en la habitación   to burst into the room
felicitar   to congratulate
el prometido, la prometida   fiancé, fiancée
el ascenso   promotion
el sol   sun

16 El bibliotecario

RAMÓN.   Amigos y lectores: recordaréis que en el capítulo sobre el banco. . . .

MÓNICA.   ¡Eso no es bueno! Es posible que los lectores no hayan leído ese capítulo.

RAMÓN.   Entonces resumo: Mónica es empleada de un banco y yo de una biblioteca, que es una especie de banco para libros.

MÓNICA.   Me gusta esa observación. De todos modos, Ramón os va a informar sobre las bibliotecas y los bibliotecarios.

RAMÓN.   Muy bien. La biblioteca es una colección de libros, revistas, periódicos, documentos y demás publicaciones.

MÓNICA.   Eso es un poco elemental, ¿verdad?

RAMÓN.   Sí, pero es solamente para comenzar. Hay cuatro clases de biblioteca. La biblioteca pública, que presta libros a todo el mundo, con mucha demanda por la novelística. La biblioteca de la escuela pública, con sus libros básicos de consulta. La biblioteca de la enseñanza superior, con sus colecciones eruditas. Y la biblioteca "especial", con su concentración de obras para la investigación o la experimentación. Cada empresa comercial de importancia tiene su propia biblioteca donde sus empleados pueden hojear libros e impresos relacionados con sus productos o con la manufactura de éstos.

MÓNICA.   ¿Qué clase de biblioteca ofrece los mejores sueldos?

RAMÓN.   La biblioteca "especial", no cabe duda, porque usualmente sus bibliotecarios han tenido formación profesional en campos como la medicina, la agricultura, las comunicaciones o lo que sea el trabajo de la empresa.

MÓNICA.   Entonces tú, con formación lingüística, ¿por qué trabajas aquí en esta biblioteca pública donde no ganas mucho?

RAMÓN.   Porque aquí puedo hablar en español con los lectores hispanoamericanos. Porque me gusta el contacto con el público: con los jóvenes en la sección de niños, con los ratones de biblioteca, con los vagabundos que prácticamente viven en las salas de lectura y . . . .

VIEJECITA.   (acercándose a ellos) Joven, eres muy simpático y voy a recordarte con un millón de dólares en mi testamento. Ahora salgo para mi nido.

RAMÓN.   ¡Ah, serán las cinco! Gracias, Sra. Pájaro, nos veremos mañana. (La viejecita se va.) . . . y me gustan hasta los tipos raros como ella.

MÓNICA.   ¡Dios mío! ¿Es rica esa señora?

RAMÓN.   No. Me dice lo mismo todos los días. Es pobre, viuda y excéntrica. Se la puede ver aquí cada día de las diez a las cinco, muy puntual, leyendo la *Enciclopedia de los pájaros.* Cuando la termina, la vuelve a comenzar. ¡Le gustan los pájaros! . . . . De todos modos, como te decía, prefiero la biblioteca pública mientras otros prefieren el ambiente de la universidad y otros, el de las escuelas públicas. A propósito, para ser bibliotecario en las escuelas públicas es necesario poseer un certificado, como si fuera maestro.

MÓNICA.   ¿Qué formación se necesita para trabajar en una biblioteca?

RAMÓN.   Pues, digamos que hay tres categorías de empleados: los oficinistas generales; los subprofesionales sin título de formación bibliotecaria, aunque posiblemente con otro título universitario, como el mío; y los profesionales con título profesional. Muchas universidades ofrecen la maestría para bibliotecarios, y algunas el doctorado. Uno de estos títulos es esencial para quien quiera ser director de una biblioteca importante.

MÓNICA.   ¿Qué cursos figuran en esta formación profesional?

RAMÓN.   Cursos como Administración, Servicios de Información, Clasificación y Catalogación, Libros de Consulta. . . . Permíteme recomendar un libro . . . ¡muy natural para un bibliotecario! . . . con toda la información posible para el futuro bibliotecario. Es el *Bowker Annual of Library and Book Trade Information*, publicado anualmente en Nueva York.

MÓNICA.   ¿Algún consejo final?

RAMÓN.   Sí. Los computadores vienen a las bibliotecas. Habrá carreras para el bibliotecario-computista.

MÓNICA.   ¿Algo más?

RAMÓN.   Sí, lo más importante de todo. El buen bibliotecario debe amar los libros y la lectura. El entrar en una biblioteca es como entrar en una catedral — imponente, ante tanto misterio y tantas cosas desconocidas.

Preguntas sobre el diálogo y el dibujo

1. En el dibujo, ¿quién está entrando en la sala de lectura?
2. Explique Vd. la simbolización del dibujo.
3. ¿Por qué exclama Mónica, "¡Eso no es bueno!"?
4. Explique Vd. la semejanza entre un banco y una biblioteca.
5. ¿Cuáles son las cuatro clases de biblioteca?
6. Explique Vd. lo que es una biblioteca "especial".
7. ¿Por qué prefiere Ramón la biblioteca pública?
8. Díganos algo de la Sra. Pájaro que se acerca a Ramón.
9. ¿Quién necesita un certificado?
10. ¿Cuáles son las tres categorías de empleados de una biblioteca?
11. ¿Qué formación profesional es necesaria para el director de una biblioteca?
12. Explique Vd. la comparación entre la biblioteca y la catedral.

Puntos de partida

1. ¿Qué es una biblioteca?
2. Explique Vd. la diferencia entre un periódico y una revista.
3. Me gustaría leer un buen libro. Recomiéndeme Vd. uno.
4. ¿Qué novela o poema figura entre la lectura favorita de Vd.?
5. ¿Qué especie de libros no prestan las bibliotecas?
6. ¿Qué es una obra de consulta?
7. El diccionario nos da definiciones de las palabras. Explique Vd. la diferencia entre el diccionario y la enciclopedia.
8. Explique Vd. la diferencia entre *leer* y *hojear*.
9. ¿Por qué no se debe escribir en los libros de la biblioteca?
10. Describa Vd. la biblioteca de la escuela (universidad) de Vd.
11. ¿Qué especie de literatura cree Vd. que prefiere el lector general?
12. ¿Qué clase de libros se necesita para la investigación?
13. ¿Qué es lo que significa *ratón de biblioteca*?
14. Describa Vd. a su maestro (maestra) o profesor (profesora) de español. Primero, es simpático (simpática); segundo, es _____; etc.
15. Déme un buen consejo.

Temas para disertación

1. Descripción de una biblioteca.
2. La carrera de bibliotecario.
3. Un buen libro que he leído.
4. Los tipos raros que se ven en las bibliotecas.
5. Por qué (no) preparo mis lecciones en la biblioteca.

Para escribir en español

Do you like to read? Do you love books? Yes? Then let's begin with a piece of advice. A good career for you could be that of librarian. You will need courses in library science, offered by many universities. Many professional librarians hold the master's degree in library science, or even the doctorate, but a young person can be a clerical worker in a library without a degree, or a subprofessional if he holds a degree in another field. Let's summarize the kinds of libraries. Undoubtedly the best salaries are offered by companies' libraries, which have special collections of books, magazines, and printed matter related to their own products, like computers. College libraries — higher education — have a scholarly atmosphere for research. The collections of a public school library are less scholarly, and, by the way, it is necessary for the prospective librarian to hold a credential, as if he were a teacher. The public library offers something for everybody, young or old, rich or poor. There will be children in the presence of their first fiction, bookworms who never leave the reading room, nice little old ladies who read the same books again, vagabonds who come to browse through the newspapers every day, and other rare types for whom the public library is a kind of nest. Anyhow, what every library needs is some unknown person, possibly a rich widower without children, to remember it in his will.

---

la biblioteca　library
el bibliotecario, la bibliotecaria　librarian
leer　to read
el lector, la lectora　reader
recordar　to remember, recall
el capítulo　chapter
el banco　bank
resumir　to summarize
la especie　kind, sort
el libro　book
de todos modos　anyhow
la revista　magazine
el periódico　newspaper
demás　other, rest of
comenzar (ie)　to begin
prestar　to lend
todo el mundo　everybody
la novelística　fiction
el libro (la obra) de consulta　reference book
la enseñanza superior　higher education
erudito　learned, scholarly
la investigación　research

la empresa　company, firm
propio　own
hojear　to browse (through)
los impresos　printed matter
relacionar (con)　to relate (to)
ofrecer　to offer
el sueldo　salary
no cabe duda　undoubtedly
la formación　training
el campo　field
el niño, la niña　child
el ratón de biblioteca　bookworm
la lectura　reading; **la sala de lectura**　reading room
viejo　old; **el viejecito, la viejecita**　little old man, little old woman
acercarse a　to approach
simpático　nice
el testamento　will
salir (de)　to leave
entrar (en)　to enter
el nido　nest
el pájaro　bird
rico　rich

pobre　poor
el viudo, la viuda　widower, widow
volver a + *infinitive*　to do something (*the infinitive*) again
el ambiente　atmosphere
a propósito　by the way
poseer　to possess, hold
el certificado　certificate, credential
el maestro, la maestra　teacher
el, la oficinista　clerical worker
el título　degree, professional credential
la formación bibliotecaria　library science
la maestría para bibliotecarios　master's degree in library science
el doctorado　doctor's degree
el consejo　(piece of) advice
el computador　computer
el, la computista　computer operator
algo　something, somewhat
amar　to love
imponente　awe-inspiring
ante　before, in the presence of
desconocido　unknown

17 El constructor

LA PARCELA.   ¡Me violaron!

EL EDIFICIO.   No, te transformaron. Antes eras fea y ahora tienes un jardín muy atractivo. ¡Y me tienes a mí, una casa . . . me crearon! Mis pies son la cimentación, el sótano. Las armaduras son mi esqueleto. Las ventanas son mis ojos. Las puertas y la chimenea son mi boca, narices y demás aberturas. Las antenas de televisión son mis orejas. Los muros con su pintura son mi piel. La cocina es mi estómago y el aislamiento es mi grasa. El sistema de calefacción y de aire acondicionado controla mi temperatura. Los cables eléctricos son mi cerebro. Mis arterias y venas son la fontanería y. . . .

LA PARCELA.   ¡Basta! Tienes agua en las venas. Tus comparaciones no son aptas. Además te falta un corazón.

EL EDIFICIO.   Mi corazón será la familia que ocupe mi interior. Entonces seré hogar.

. . .

SRA. DE RECIENCASADO.   ¡Qué chalet más atractivo! Me gusta el plano de piso. Lo único que falta somos nosotros.

SR. RECIENCASADO.   Sí, está bien acabado. Pero venderemos nuestra alma al banco.

. . .

EL BANCO.   He creado dinero. Creando un préstamo, se crea el dinero . . . según los economistas.

. . .

EL ESTUDIANTE—OBRERO.   Ya no quiero ser economista sino creador de casas. Es fácil leer una heliografía. Es un placer trabajar al aire libre. Este ha sido un verano muy instructivo . . . un buen jornal y una magnífica experiencia. El trabajo es duro pero ahora comprendo cómo se construye una casa, desde la preparación de la parcela hasta la inspección final de la casa acabada. Salón-comedor, dos baños, tres alcobas, garage, chimenea . . . esta casa es ideal para ese matrimonio recien casado y su futura familia. La próxima semana voy a inscribirme en un curso de construcción de edificios, algo de dibujo y de arquitectura también. Cuando me gradúe el próximo mayo posiblemente me emplee el constructor de esta casa. De hecho, voy a buscarle ahora.

. . .

EL CONSTRUCTOR DE LA CASA.   ¡Qué bien acabada está esta casa y cuan verde es el jardín! Todo es ideal para ese matrimonio recien casado que la compró. Esta es la gran satisfacción del constructor: el convertir una parcela fea en un hogar, todo en noventa . . . pues no, esta vez en ciento cinco días, con la demora del techado. Pocos saben que cada día de demora me cuesta $25 de intereses del préstamo para la construcción. ¡Ah! también el pago excesivo de los carpinteros. Y el mal tiempo para la calzada del garage. El mal tiempo y la mala coordinación son los dos grandes problemas de todo constructor, la diferencia entre el 15% de ganancia y el 10% . . . o la insolvencia. Los artesanos . . . lo más difícil es coordinar las muchas clases de obreros durante las treinta etapas de la construcción de una casa . . . y el empleo de los obreros y la coordinación de su trabajo con la entrega de los materiales. Y las finanzas con el banco, la selección de los materiales, las relaciones públicas, las ventas. Con más y más casas las responsabilidades son demasiadas para una persona.

Lo que necesito es algún joven que sea inteligente, eficiente . . . como ese estudiante que trabajó con nosotros este verano. Me pregunto qué cursos va a estudiar y si estará disponible cuando se gradúe. De hecho, voy a buscarle ahora.

. . .

Y hablaron . . . del futuro, en el jardín, bajo los ojos sonrientes de la casa, sonrientes gracias a las cortinas de la Sra. de Reciencasado.

Preguntas sobre el diálogo y el dibujo

1. Dibujo: ¿Cuáles son las aberturas de la casa?
2. Dibujo: ¿Quiénes están hablándose y dónde están?
3. Dibujo: ¿Dónde estarán los Sres. Reciencasado?
4. Describa Vd. la transformación de la parcela.
5. ¿Quiénes crearon la casa?
6. ¿Cuáles de las comparaciones con el sistema humano son más aptas y cuáles son menos aptas?
7. ¿Qué es lo único que falta a la casa para ser hogar?
8. ¿Qué significa el "venderemos nuestra alma al banco" del Sr. Reciencasado?
9. ¿Qué experiencia ha tenido el estudiante durante el verano?
10. ¿Por qué será la casa ideal para la futura familia de los Sres. Reciencasado?
11. ¿Qué cursos quiere estudiar el estudiante? ¿Por qué?
12. ¿Por qué va a ganar el constructor solamente el 10% esta vez?
13. ¿Por qué busca el constructor un asistente?
14. Imagine Vd. la conversación entre el estudiante y el constructor bajo las ventanas de la casa.

Puntos de partida

1. ¿Cuál es la primera etapa en la construcción de una casa?
2. Nombre Vd. algunos de los componentes de una casa.
3. En la opinión de Vd., ¿cuál es la temperatura ideal de una casa en verano?
4. Explique Vd. lo que es un préstamo.
5. ¿Para qué sirven los sótanos y los áticos?
6. Describa Vd. un plano de piso para una familia de cuatro personas.
7. ¿Qué es lo que produce grasa?
8. ¿Qué es lo que va a hacer Vd. el próximo verano?
9. ¿Cuántas semanas son ciento cuarenta días? ¿Cuántos días son doce semanas?
10. ¿En qué cursos está Vd. inscrito ahora?
11. ¿Cuáles son dos de las responsabilidades de Vd.?
12. ¿Cuáles son algunos oficios posibles para quien quiera trabajar al aire libre?
13. Nombre Vd. dos cosas que son verdes.
14. ¿Cuál es el plan de Vd. para el futuro?
15. ¿Cómo o por qué (no) le ha sido a Vd. instructiva esta lección?

Temas para disertación

1. Cómo se construye una casa.
2. El plano de piso que me gusta.
3. Cómo convertir una casa en un hogar.
4. Los problemas de un constructor de casas.
5. Una conversación entre dos obreros.

Para escribir en español

You have graduated. You are young and a newlywed. You and Mrs. Newlywed have jobs. You have bought a plot of land and want a house that is yours, in fact without too much delay, because next May there will be three in the family. The ideal thing would be a detached house with a yard, a garage, a driveway, three bedrooms, two baths, and a combined dining and living area with a fireplace. You speak with a builder or look for an architect who knows how to create the floor plan that you want. He will also give you an opinion of how much the house will cost. Now, with a blueprint, you go to the bank for a construction loan. If a loan is available to you, the interest that you will pay is the bank's profit. Now that you have the loan, you can build the house, or the builder will coordinate all the artisans and will build it for you. His profit will be between 10% and 18%. The first stage of construction is the foundation, which will also be the cellar. (In Florida there are no cellars because there is too much water, even at six feet.) The walls are built on this foundation. Then the carpenters come to build the frame. The building is ugly now, only the skeleton of a house. After the roofing, which is hard work, the weather cannot create wage overruns for the rest of the workers. Walls without openings cost less than walls with windows. One needs doors, but not too many, or too many windows, if you want good insulation. The plumbing and electrical wiring are necessary before the delivery of the heating and air conditioning or the other things for the kitchen and bathrooms. Without problems, ninety days are enough to finish the construction. With the painting done and the curtains in the windows, your house is now a home, and a pleasure.

el constructor, la constructora builder
construir to build
la parcela plot of land, lot
violar to violate, rape
el edificio building
feo ugly
el jardín garden, yard
la casa house
el hogar home, hearth
crear to create
el pie foot
la cimentación cement work, foundation
el sótano cellar, basement
la armadura framework, truss
el esqueleto skeleton
la ventana window
el ojo eye
la puerta door
la chimenea chimney, fireplace
la boca mouth
la nariz nostril; **las narices** nose
demás other, rest of
la abertura opening
la oreja ear
el muro wall (*exterior*)
la pintura painting
la piel skin
la cocina kitchen

el estómago stomach
el aislamiento insulation
la grasa fat
la calefacción heating
el aire acondicionado air conditioning
el cerebro brain
la fontanería (*Spain*), **la plomería** (*Spanish America*) plumbing
bastar to be enough
faltar to be lacking
el corazón heart
el recien casado, la recien casada newlywed
el chalet (*Spain*) detached house
el plano de piso floor plan
único only
acabar to finish
el alma (*f.*) soul
el banco bank
el dinero money
el préstamo loan
el obrero, la obrera worker, day laborer
la heliografía blueprint
el placer pleasure
al aire libre outdoors
el verano summer
el jornal hourly wage, day's wages
duro hard

el salón-comedor combined dining and living area
el (cuarto de) baño bathroom
la alcoba bedroom
el matrimonio married couple
próximo next
la semana week
inscribirse to enroll
el dibujo drafting
graduarse to graduate
de hecho as a matter of fact
cuan *apocopation of* **cuanto** *before an adjective or adverb*
verde green
la vez time (*occasion*)
el tiempo time, weather
la demora delay
el techado roofing
el pago excesivo overrun (*of cost*)
la calzada pavement, paving, driveway
la ganancia profit
el artesano, la artesana artisan; **artesanos** skilled workers
la etapa stage
la entrega delivery
la venta sale
disponible available
sonriente smiling
la cortina curtain

18 El dentista

La recepcionista. *(llamando desde la sala de espera)* Doctor, ya se ha ido el último paciente.

El dentista. Bueno, ven a tomar un café con nosotros.

El dentista, la recepcionista y dos técnicos se sientan en una sala interior con sus cafés.

La recepcionista. Hoy uno de los pacientes me mostró un chiste ilustrado. En él el dentista dice al paciente sentado en el sillón de dentista: "Tengo para Vd. una buena noticia y una mala. La mala noticia es que Vd. tiene tres picaduras. La buena noticia es que el oro de sus coronas ya vale triple".

El dentista y las técnicos se ríen, pero no mucho.

La recepcionista. Veo que estáis cansados. Según mi archivo, tú, Laura, limpiaste los dientes de doce pacientes hoy. Y tú, doctor, con Teresa, examinaste veinte bocas, obturaste treinta y cinco cavidades, extrajiste seis muelas del juicio, tomaste tres impresiones de cera para dentaduras postizas, fijaste dos armaduras para enderezar los dientes irregulares y trataste a tres pacientes con enfermedades de las encías.

Laura, la técnico. Y veinte y cinco rayos X.

Teresa, la técnico. Todo durante ocho horas de consulta.

El dentista. La odontología es una profesión extraordinaria. El paciente gasta su dinero para sufrir dolor . . . y cree que cuesta el doble de lo que vale . . . mientras el dentista, afectado por el dolor de sus pacientes, cree que la urgencia y las tensiones de su profesión valen el doble de lo que paga el cliente. Pero me compensa observar un trabajo bien hecho, como el puente que fijamos en la boca del Sr. . . . ¿cómo se llamaba?

Teresa. ¡Azaña!, el profesor de español.

La recepcionista. Ah, sí, fue él quien me mostró el chiste; es un buen tipo. Pero, para continuar lo que decías, ¿no crees que la gran desventaja de la profesión es precisamente ésa: el inflingir dolor a los pacientes, o el temor de inflingírselo, todo el día.

El dentista. Sí. Entre los dentistas . . . no se sabe por qué . . . el porcentaje de divorcios y de suicidios es el peor de todas las profesiones. ¡Yo no lo sabía cuando era estudiante en la facultad de odontología!

La recepcionista. He querido preguntarte, doctor, ¿cuál es la diferencia entre el título de DDS y el de DMD, como el tuyo?

El dentista. Muy poca diferencia. La nomenclatura DMD es considerada más exacta, por solamente seis o siete facultades . . . Harvard es una, Louisville es otra . . . para describir el trabajo de la profesión. Pero con las dos últimas iniciales alguna gente cree que soy médico.

Laura. ¿Dónde empieza la divergencia entre la formación de un médico y la de un dentista?

El dentista. Para el pregraduado no hay diferencia: los mismos cursos científicos. En la facultad de odontología los dos primeros años son principalmente fisiología, anatomía . . . con orientación a la boca, naturalmente . . . química . . . en general, como en la facultad de medicina. Pero los dos últimos años de odontología son de trabajo práctico con pacientes en el sillón de dentista. Al graduarse con título en odontología, y después del examen del certificado, el dentista está autorizado a ejercer su profesión, a diferencia del médico que es interno durante uno o dos años.

Teresa. Y yo con mi certificado de técnico, dos años de universidad más la escuela de higiene dental.

El dentista. No te menosprecies. ¿Qué haríamos los dentistas sin técnicos? Pero te digo una cosa curiosa. La odontología es la única profesión dedicada a la destrucción de sí misma. Con los muchos progresos de la odontología si llegamos a eliminar las picaduras y a conservar perfectamente la dentadura y las encías, no estaremos tan cansados como hoy. Limpiemos la clínica y vayamos a casa.

Preguntas sobre el diálogo y el dibujo

1. ¿Quiénes son las personas del dibujo?
2. Dibujo: ¿Por qué no están trabajando?
3. Describa Vd. el chiste ilustrado.
4. ¿Por qué está cansado el dentista?
5. ¿Cómo se llama la técnico que limpia los dientes y qué clase de trabajo hace la otra técnico?
6. Explique Vd. la diferencia de opinión sobre lo que deben costar los servicios odontológicos.
7. ¿Quién es el Sr. Azaña?
8. ¿Cuál es la observación del dentista sobre el divorcio y el suicidio?
9. ¿Por qué cree alguna gente que este dentista es médico?
10. Explique Vd. las semejanzas y las diferencias en la formación de un médico y la de un odontólogo.
11. Explique Vd.: "La odontología es la única profesión dedicada a la destrucción de sí misma".
12. ¿Cuáles cree Vd. que son las horas de consulta de esta clínica?
13. ¿Qué es lo que hacen las cuatro personas antes de ir a casa?

Puntos de partida

1. ¿Cuántos dientes hay en la boca normal sin las muelas del juicio?
2. Invente Vd. un chiste que nos haga reír.
3. ¿Qué es lo que pueden mostrar los rayos X de la boca?
4. ¿Por qué (no) le gusta a Vd. ir al dentista?
5. ¿Cuándo es necesaria una dentadura postiza?
6. ¿Más o menos cuántos cafés toma Vd. en un día? Si no toma Vd. café, ¿qué es lo que toma?
7. ¿Cuáles son las iniciales de Vd.?
8. ¿Cuándo va a graduarse Vd.?
9. Nombre Vd. tres carreras para las que es necesario un certificado para ejercer la profesión.
10. ¿Cómo se enderezan los dientes irregulares?
11. ¿Cuál es el propósito de las impresiones de cera?
12. ¿Cuáles son algunas de las carreras que ha estudiado Vd. en este libro hasta ahora?
13. Hágale a su profesor una pregunta sobre esta lección.

Temas para disertación

1. Una visita al dentista.
2. El Sr. Azaña.
3. Descripción de una clínica.
4. Una profesión curiosa.
5. Cómo conservar la dentadura.

Para escribir en español

I have a fear of dentists, and there I was, suffering in the waiting room. I wanted to leave — and I had begun to leave — but no, that would not have been practical: my toothache would have been worse if I had left. There were no people in the dentist's office; I was going to be the last patient of the day. The receptionist called me. After asking some questions for her files, she showed me where the dentist's chair was. I sat down in it. Then the dentist, with his technician, examined my mouth and gums. The bad news was that I had a very big cavity; the good news was that it was the only one, although the dentist said that some day my wisdom teeth ought to be extracted. He succeeded in filling the cavity without inflicting too much pain. Then he told me: "There are many diseases of the mouth. If you do not treat your teeth well, you may have crowns or bridges or false teeth even as an undergraduate, or before — the years when the rate of cavities can be fixed by the chemistry of your mouth plus your dental hygiene." He was a good fellow, a dentist with good training, and unlike some other patients I was not going to scorn what he told me. "Thanks and good bye," I said. Then I paid the receptionist and went home. It was worth the money that I had spent.

el, la dentista; el, la odontólogo   dentist
la odontología   dentistry
llamar   to call
la sala de espera   waiting room
irse   to leave, go away
último   last, final
tomar   to take, have, drink
el café   coffee
el, la técnico   technician
sentarse (ie)   to sit (down)
mostrar (ue)   to show
el chiste   joke; **el chiste ilustrado**   cartoon
el sillón de dentista   dentist's chair
la noticia   (piece of) news
la picadura   "cavity" (*the rotted part of the tooth*)
la cavidad   cavity (*hole in tooth after drilling and before filling*)
el oro   gold
la corona   crown
valer   to be worth (while)
reírse   to laugh
cansado   tired
el archivo   file, files, records

limpiar   to clean
el diente   tooth
la boca   mouth
obturar   to fill (*a cavity*)
extraer   to extract
la muela del juicio   wisdom tooth
la cera   wax
la dentadura   (set of) teeth
la dentadura postiza   denture, false teeth
fijar   to fix, fasten, set
la armadura   brace
enderezar   to straighten
tratar   to treat
la enfermedad   sickness, disease, illness
la encía   gum
los rayos X   X ray
las horas de consulta   office hours
gastar   to spend
sufrir   to suffer
el dolor   pain; **el dolor de muelas**   toothache
el puente   bridge
el tipo   fellow, guy
inflingir   to inflict

el temor   fear
el porcentaje   percentage, rate
la facultad   school (*of a university*)
el título   title, degree
DDS   Doctor of Dental Surgery
DMD   Doctor of Dental Medicine
la gente   people
el, la médico   doctor (*physician*)
empezar (ie)   to begin
la formación   training
el pregraduado, la pregraduada   undergraduate
la química   chemistry
práctico   practical
graduarse   to graduate
el certificado   certificate, credential
ejercer   to exercise, practice
a diferencia de   unlike
más   plus
menospreciar   to underrate, undervalue, scorn
único   only
sí (mismo)   -self
llegar a   to succeed in
la clínica   doctor's office, dentist's office

19 El agricultor

EL GRANJERO DE 1935.   Tengo quince hectáreas de tierra. Determino la clase y cantidad de productos que cultivaré, según las condiciones del lugar y del mercado. Tengo un granero y un tractor. Y una familia. En primavera preparamos la tierra y la sembramos. En verano la escardamos. En otoño la cosechamos. Tenemos cuatro vacas, doce cerdos y tres caballos. También gallinas para el consumo y para producir huevos. Vendo lo que la tierra produce y así nos ganamos la vida. Pasamos los inviernos ante el alegre fuego de hogar. En verano, desde el porche de la pequeña casa, me gusta contemplar los campos a la puesta del sol.

EL AGRICULTOR DE 1960.   Ya han pasado los tiempos del granjero-patán. Ya no hay romanticismo en la agricultura. Según lo que leo, en 1935 la granja media en los Estados Unidos tenía sesenta y dos hectáreas; ahora, ciento sesenta y dos, como la mía. En 1935 había siete millones de granjas; ahora, tres millones y medio. Menos jugadores pero más en juego. Contiendo con el tiempo, con los insectos, con la disponibilidad de la mano de obra y con el valor de los productos. Me gustaría vender mis tierras pero no hay mercado.

EL AGRICULTOR DE HOY.   Cultivo mil hectáreas de trigo en Nebraska. No paso el tiempo en los campos sino en la oficina administrándolos. Estudié agronomía en la universidad y compré las tierras poco a poco. Hoy no hay lugar para el joven que quiere empezar, como yo, desde un principio. Los valores de la tierra y de la maquinaria agrícola son demasiado exorbitantes para eso. Una máquina segadora puede costar $150.000 y es necesario tener centenares de hectáreas de trigo para minimizar lo que cuesta la cosecha. Soy millonario pero solamante en teoría. No tengo ni dinero ni tiempo para la buena vida. Con los dividendos de mi trabajo compro más y más máquinas, materiales y graneros. Mi riqueza casi no es convertible porque la sacrificaría en ganancias ocasionales gravables si vendiera mis tierras.

USTED.   ¿Por qué me dice a mí todo esto?

YO.   Porque Vd. no es estudiante de agronomía; éste ya lo sabe todo y también sabe obtener un buen empleo.

USTED.   ¿Y cómo sabe Vd. que soy estudiante de artes liberales y no de agronomía?

YO.   Porque Vd. aprende español, ¿verdad? Está leyendo esta lección en español, ¿no es así? El agricultor o el agrónomo de hoy es científico, especialista en la producción, y estudia cursos científicos. El cultiva y Vd. está "cultivado". En nuestros tiempos él tiene la ventaja.

USTED.   ¿Y qué es lo que puedo hacer si deseo cultivar también, si me gusta la vida rural, si quiero abandonar la contaminación de las ciudades?

YO.   Puede informarse sobre la horticultura y montarse un pequeño invernadero para empezar: plantas de follaje, rosas, orquídeas por ejemplo. Puede obtener trabajo en una comunidad rural, vendedor de productos agrícolos, por ejemplo de fertilizantes. Poco a poco puede comprar y cultivar un pequeño terreno para algunas de las necesidades y para pasar tiempo al aire libre con su futura familia. Puede hacer muchas cosas. ¡Sea imaginativo! Lo importante es no depender del terreno para ganarse la vida sino como un suplemento.

USTED.   A diferencia del granjero de 1935.

YO.   Sí. Ya no hay romanticismo en la agricultura.

Preguntas sobre el diálogo y el dibujo

1. Haga Vd. un comentario sobre la granja del dibujo: ¿de qué tiempo es? ¿cuál es la base de su opinión?
2. ¿Cuántos acres tenía el granjero que hablaba en 1935?
3. ¿Qué animales y otras posesiones tenía ese granjero?
4. ¿Qué trabajo hacía ese granjero según la estación?
5. Explique Vd. lo que dijo el agricultor de 1960: "menos jugadores pero más en juego".
6. ¿Por qué no puede pasar tiempo en los campos el agricultor de hoy?
7. ¿Por qué es necesario tener centenares de hectáreas hoy?
8. Si hay millonarios entre los agricultores de hoy, ¿por qué dicen algunos que lo son solamente en teoría?
9. ¿Quién es el "usted" y quién es el "yo"?
10. ¿Por qué no existe esta lección principalmente para el estudiante de agronomía de hoy?
11. ¿Qué clases de trabajo puede uno hacer para vivir en el campo si uno no es agricultor profesional? Sea imaginativo.
12. ¿Qué es lo que quiere decir "ya no hay romanticismo en la agricultura"?

Puntos de partida

1. ¿Qué es lo que significa "no hay mercado"?
2. ¿Cuáles son algunos problemas de todos los granjeros de todos los tiempos?
3. ¿Aproximadamente cuántas hectáreas son cincuenta acres?
4. ¿Cuáles son algunas cosas y algunos animales que se pueden ver en la granja media?
5. ¿Cuáles son una ventaja y una desventaja de la vida en una granja?
6. ¿Cuál es la estación favorita de Vd.? ¿Por qué?
7. ¿Para qué sirve un invernadero?
8. Si los animales pudieran hablar, ¿qué es lo que el caballo diría a la vaca?
9. ¿Por qué (no) quiere Vd. ser agricultor?
10. Explique lo que sería para Vd. "la buena vida".
11. ¿Qué es lo que le gusta a Vd. hacer al aire libre?

Temas para disertación

1. La vida en la granja de 1935.
2. Contraste entre la vida rural y la vida de la ciudad.
3. Los agricultores son jugadores.
4. Por qué (no) deseo vivir en el campo.
5. Problemas del estudiante de artes liberales.

Para escribir en español

In 1935 the average farmer started from scratch with a small piece of land. He and his family did all the work with one tractor. What they raised was determined by the conditions of their soil and the market. Little by little they would sow forty acres of land in the spring and harvest it in the fall. They would have a barn, some farm animals, and a quantity of chickens for eating and for eggs. They would spend the winter in their house, before a cheerful hearth fire, and in the summer they would work in the fields until sunset. They were rustics who earned their living only from the wheat or other harvest that they were able to sell. All farmers are gamblers who contend with the weather, insects, and market prices. The agriculturist of today has even more at stake because his farm is a much bigger place. Today's farmer, unlike the rustic of 1935, is a scientist who has studied agronomy in the university. He sets up an office from which he administers the farm. He has a lot of machinery, like harvesters, to minimize the need for farm hands, whose availability is not what it used to be. The agriculturist of today can be a millionaire—on paper. His machines and the exorbitant land values are his wealth, but if he sells them he will sacrifice too much with capital-gains taxes. A young agronomist can get a good job with a state or with the United States, or he can administer a farm, but how does he obtain land for himself?

el agricultor, la agricultora farmer, agriculturist
la granja farm
el granjero, la granjera farmer (*less lofty than* **agricultor**)
la hectárea 2.471 acres
la tierra land, earth, soil
el terreno (piece of) land, plot
la cantidad quantity
el lugar place
el mercado market
el granero granary, barn
la estación season
la primavera spring
el verano summer
el otoño autumn
el invierno winter
sembrar (ie) to sow, seed
escardar to weed
cosechar to harvest
la cosecha harvest, crop
la vaca cow
el cerdo pig, hog

el caballo horse
la gallina chicken
el consumo consumption
el huevo egg
ganarse la vida to earn a living
pasar to pass, spend
ante before, in front of
alegre cheerful
el fuego de hogar hearth fire
el campo field, country
la puesta del sol sunset
el tiempo time, weather
el patán rustic, bumpkin, "hick"
leer to read
medio half, average
los Estados Unidos United States
el jugador, la jugadora player, gambler
en juego at stake
contender (ie) to contend
la disponibilidad availability
la mano de obra (farm) hand(s)
el valor value, price

hoy today
el trigo wheat
la oficina office
poco a poco little by little
empezar (ie) desde un principio to start from scratch
la maquinaria machinery
la máquina segadora harvester, reaper
el centenar hundred
en teoría in theory, on paper
la vida life, living
la riqueza wealth
la ganancia ocasional gravable taxable capital gain
obtener to obtain, get
científico scientist, scientific
la ciudad city
montar to set up, establish
el invernadero greenhouse, hothouse
la planta de follaje foliage plant
al aire libre outdoors
a diferencia de unlike

20 El computista

PACO.   ¿Qué es un computador?

ANA.   Es un aparato electrónico ("hardware") que almacena, procesa y despliega información según el programa insertado ("software"). Su origen es la invención del transistor en 1950. Desde entonces hemos visto emerger gradualmente la generación de semiconductores que se llaman "chips". Estos son diminutos circuitos electrónicos, hechos por fotolitografía que ya se adaptan a hacer posible el minicomputador individual.

PACO.   ¿Resultará más empleo o más desempleo de oficinistas?

ANA.   Las dos cosas. Van a quedar desplazados millones de oficinistas que ahora son mecanógrafos, escribientes, archivadores o mensajeros. El oficio de secretario se transformará en un trabajo de más — no menos — importancia, con terminales de computador en su mesa. Habrá menos trabajo penoso, menos perforadores y operadores de computadores, por ejemplo, porque casi todo estará programado. Pero existen ahora, y continuarán existiendo infinitas oportunidades para los programadores y los analistas de sistemas.

PACO.   ¿Qué son ellos?

ANA.   El programador introduce programas en el computador, un oficio aprendido en sus cursos de programación en el *junior college* o en la universidad. Los sueldos son buenos y la demanda creciente. El analista de sistemas es un graduado de universidad con especialización o con maestría en programación. Conoce bien las matemáticas, diseña programas para el computador y gana un muy buen sueldo. También existe el doctorado en programación: su nivel de matemáticas, como el del ingeniero eléctrico que diseña los computadores, es tan alto como su sueldo.

PACO.   ¿Qué es lo que veremos en el futuro?

ANA.   El robot. Y al mismo tiempo la rápida difusión del computador de uso personal. Así como la Revolución Industrial hizo posible la producción del libro en masa, por medio del papel barato y de la tirada y la encuadernación mecanizadas, la Revolución Microelectrónica hará posible el computador de uso personal: El médico con su minicomputador de bolsillo que almacena la historia de todos sus pacientes. El compositor de música que oprime un botón para oír la simulación de todos los instrumentos de la orquesta mientras que compone su sinfonía. El computador, para las operaciones confidenciales, que reconoce la voz de la persona autorizada a manipularlo. El ama de casa que almacena y manipula en su minicomputador portátil todas sus cuentas y recetas y su lista de compras. El periódico en la pantalla de la TV. El hombre de negocios que lleva en su cartera una relación de todas las finanzas de su compañía. ¡La oficina sin papeles, casi sin correo, sin archivos, sin . . . ! (*La voz muere.*)

UN CURIOSO.   ¿Por qué oprimió Vd. ese botón?

EL COMPUTISTA.   Porque Ana hablaba demasiado.

UN CURIOSO.   ¿Quiénes son Ana y Paco?

EL COMPUTISTA.   Son máquinas: Programas de Análisis de Componentes Orales. Almacenamiento de Noticias Audibles.

UN CURIOSO.   ¿Y quién es Vd.?

EL COMPUTISTA.   Un robot. Ya llegó el futuro.

Preguntas sobre el diálogo y el dibujo

1. ¿Quién es Ana en el dibujo?
2. Explique Vd. lo que está ocurriendo en el dibujo.
3. Explique Vd. la diferencia entre *hardware* y *software*.
4. ¿Qué clases de oficinistas serán eliminadas o transformadas en el futuro?
5. ¿Por qué son buenos los sueldos de los programadores?
6. ¿Dónde se puede aprender programación?
7. ¿Qué clase de trabajo hace el analista de sistemas?
8. ¿Cuál es la más alta preparación universitaria posible para el computista?
9. Explique Vd. la analogía entre la Revolución Industrial y la Revolución Microelectrónica.
10. ¿Dónde se despliega la información procesada por el computador?
11. ¿Cuáles son algunas aplicaciones del computador de uso personal?
12. ¿Por qué se llama "Paco" el computador?

Puntos de partida

1. Invente Vd. una aplicación del computador de uso personal no mencionada en el diálogo.
2. ¿Qué es lo que significa el "trabajo penoso"?
3. Nombre Vd. un trabajo que no pueda hacer un computador.
4. Tenemos, por ejemplo, dos computadores llamados Omar y Rita. Invente Vd. en español lo que significan las letras de uno de los dos nombres.
5. ¿Qué es lo que puede hacer el archivador desempleado?
6. ¿Cómo se llama el pequeño radio portátil?
7. ¿Qué clase de encuadernación tiene este libro?
8. Nombre Vd. algunos libros que usa en sus cursos.
9. ¿Cuál es el nivel de español al que quiere Vd. llegar?
10. Díganos una noticia de importancia en el periódico o en la televisión de hoy.
11. ¿Cuándo llega el correo de Vd.?
12. ¿Cuáles son algunas cosas que quiere Vd. hacer antes de morir?

Temas para disertación

1. Diálogo de los computadores.
2. El computador de uso personal.
3. Mi experiencia con los computadores.
4. Problemas que no pueden resolver los computadores.
5. El ser ama de casa (no) es carrera.

Para escribir en español

A computer is a device with tiny electronic circuits that can store and process information introduced into the machine by key punch operators or programmers. What is inserted is called a program and this work will be more mechanized in the future. The person who designs programs is the systems analyst, who knows a lot of math and earns a very good salary. On the highest level is the computer specialist with a master's degree or doctor's degree in computer science, or in electrical engineering for those who design computers. Today there is a growing demand for computers in offices. It is possible that we may

el libro es difícil de entender bridge

see the paperless office with no mail or files but with a computer terminal (*f.*) on every desk. Nevertheless it is the personal computer—the pocket-size minicomputer — that will turn out to be the device of mass production. By pressing buttons the homemaker will display her recipes or shopping lists. Just as the businessman will carry in his briefcase a minicomputer with all his company's accounts and finances stored in it, the doctor will carry one with the storage of all his patients' history. The simulation of the instruments of a symphony can be heard by the composer at the same time that it is composed. By means of the personal computer that recognizes voices, confidential operations can be authorized. The engineer will be able to see on a screen what he is designing while he designs it. I am a robot programmed to tell you that all this will exist before you die, but now I have talked too much.

---

el **computador**   computer
el, la **computista**   computer specialist, computer operator
el **aparato**   apparatus, device
almacenar   to store
procesar   to process
desplegar (ie)   to display
resultar   to turn out to be
el **desempleo**   unemployment
el, la **oficinista**   office worker
quedar   to remain, be
el **mecanógrafo, la mecanógrafa**   typist
el, la **escribiente**   office clerk
el **archivador, la archivadora**   file clerk
el **mensajero, la mensajera**   messenger
la **mesa**   desk
el **trabajo penoso**   drudgery
el **perforador, la perforadora; el, la perforista**   keypuncher
el **programador, la programadora**   programmer

el, la **analista de sistemas**   systems analyst
aprender   to learn
la **programación**   computer science
el **sueldo**   salary
creciente   increasing, growing
la **maestría**   master's degree
diseñar   to design
el **doctorado**   Ph.D.
el **nivel**   level
el, la **ingeniero**   engineer
alto   tall, high
el **computador de uso personal**   personal computer
así como   just as
la **producción en masa**   mass production
por medio de   by means of
el **papel**   paper
barato   inexpensive
la **tirada**   edition, printing
la **encuadernación**   (book)binding
el, la **médico**   doctor (*physician*)
de **bolsillo**   pocket-(size)
oprimir   to press, push

el **botón**   button
oír   to hear
componer   to compose
reconocer   to recognize
la **voz**   voice
el **ama** (*f.*) **de casa**   homemaker
portátil   portable
la **cuenta**   account
la **receta**   recipe
la **lista de compras**   shopping list
el **periódico**   newspaper
la **pantalla**   screen
el **hombre de negocios**   businessman
llevar   to carry
la **cartera**   briefcase
la **oficina**   office
el **correo**   mail
el **archivo**   file
morir (ue, u)   to die
la **máquina**   machine
el **almacenamiento**   storage
las **noticias**   news, information
llegar   to arrive
hoy   today

(handwritten annotations:)
for
el computador de uso personal
medio de   voz
ingeniero   lo diseña   autorizadas
(for) para decirle   muerta   *subj   Ya he hablado

antes de que → always subj.

acontecer - to happen   acontecimiento - happen

por - by   para - for

21 El vendedor

El agente de colocaciones de una importante empresa multinacional se ha entrevistado con estudiantes interesados en un posible empleo con su empresa. Después de las entrevistas la consejera de estudiantes le ha invitado al Club del Profesorado, donde tiene lugar esta conversación.

CONSEJERA DE ESTUDIANTES.   Ya sé lo que Vd. nos va a decir.

INVITADO.   Demasiados graduados buscan la seguridad convencional de un empleo en la administración.

CONSEJERA DE ESTUDIANTES.   Mientras que la clase de trabajo menos buscada, pero más disponible, son las ventas.

ECONOMISTA.   El arte de vender es la sangre vital del sistema de libertad de empresa.

FILÓSOFO.   Algún sabio ha dicho que todo el mundo vive de la venta de algo. Nosotros, el profesorado, vendemos sapiencia.

INVITADO.   Exacto. La diferencia es que las ventas comerciales son un poco más intensas. Si el vendedor no puede vender el producto, no gana nada. Pero se equivoca el graduado que insiste en la seguridad del trabajo administrativo. Existen ahora en los Estados Unidos veinticinco millones de graduados de universidad, la cuarta parte de todos los trabajadores de la nación. No hay disponible bastante empleo administrativo para emplear a todos los candidatos.

ECONOMISTA.   Exacto, como dice Vd. Esta mañana en una de mis clases hablaba de la proliferación de los M.B.A.[1] En las universidades estadounidenses se establecieron treinta nuevos programas de M.B.A. cada año entre 1970 y 1979. Se concedieron 21.325 grados M.B.A. en 1970 y aproximadamente 52.000 en 1980. La oferta excede a la demanda. Muy buscado antes, ahora el graduado con M.B.A. encuentra otras condiciones. Y también el B.A. o B.S. con especialización en administración.

FILÓSOFO.   Entonces, ¿por qué ha venido nuestro invitado?

INVITADO.   Busco candidatos para las ventas, especialmente los estudiantes que han estudiado un idioma extranjero. Y no solamente el idioma sino también la cultura: la historia, las costumbres, la psicología de la gente extranjera. Hay comercio internacional por todas partes. Mi empresa, por ejemplo, depende de los mercados extranjeros más que nunca.

ECONOMISTA.   ¿Saben Vds. que el ochenta por ciento de las quinientas empresas más grandes . . . empresas como General Motors, Kodak, Caterpillar . . . tienen compañías filiales en el extranjero?

INVITADO.   Sí. Y les voy a decir otra cosa. La mayoría de los presidentes de esas empresas han ascendido a sus posiciones a través de los departamentos de ventas. Y lo que es más, siempre han ganado mucho dinero. Las comisiones del vendedor con mucha iniciativa son superiores al sueldo de su jefe de ventas.

CONSEJERA DE ESTUDIANTES.   Señores, llamemos al pan pan y al vino vino. A la mayoría de nuestros estudiantes le faltan confianza e iniciativa. No quieren aceptar la responsabilidad. No saben entregarse.

---

1.   Master's Degree in Business Administration.

INVITADO.   Lo cual precede la venta de un producto. Debe de haber en las universidades algún curso como el de Dale Carnegie, *Cómo ganar amigos e influir sobre las personas.*

FILÓSOFO.   ¿Cree Vd. que tal libro es respetable para una univeridad? Es psicología popular, ¿verdad?

INVITADO.   ¿Qué es lo que son las ventas? Psicología popular. Vd. es quien ha observado que todo el mundo vive de la venta de algo.

FILÓSOFO.   ¿Qué es lo que enseña ese libro?

INVITADO.   Entre otras cosas, la motivación, la iniciativa, la responsabilidad. Interésese en el prójimo, enséñese a escuchar y sobre todo a recordar cosas, una característica tan esencial para el éxito del vendedor. . . .

FILÓSOFO.   ¡Oh! ¡Son las tres y quince! ¡Olvidé a mi clase!

Preguntas sobre el diálogo y el dibujo

1. Explique Vd. el simbolismo del dibujo.
2. ¿Por qué ha venido el agente de colocaciones a la universidad?
3. ¿Dónde y cuándo tiene lugar la conversación?
4. ¿Cómo es posible que la consejera de estudiantes ya sepa lo que el invitado va a decir?
5. ¿Aproximadamente cuántos trabajadores hay en los Estados Unidos?
6. ¿Aproximadamente cuántos programas de M.B.A. se establecieron en las universidades estadounidenses entre los años 1970 y 1979?
7. ¿Qué clase de candidato es ideal para lo que busca el invitado?
8. ¿Qué es lo que dice el invitado acerca de la presidencia de las empresas?
9. ¿Cuál es la reacción de Vd. sobre lo que dijo la consejera de estudiantes acerca de los estudiantes?
10. Describa Vd. la parte final del diálogo.
11. ¿Cuál es la opinión de Vd. de este diálogo comparado con otros del libro?

Puntos de partida

1. "El arte de vender es la sangre vital del sistema de libertad de empresa". Explíquelo Vd.
2. "Todo el mundo vive de la venta de algo". Haga Vd. un comentario.
3. ¿Ventas o administración? ¿Por qué se dice que ésta da más seguridad?
4. Explique Vd. lo que es una comisión.
5. Explique Vd. lo que es una empresa multinacional.
6. ¿Por qué (no) quiere Vd. ser vendedor con una empresa grande?
7. ¿Qué es una entrevista?
8. ¿Por qué no gana Vd. nada? Si gana algo, ¿cómo?
9. ¿Cuáles son algunos productos importados en los Estados Unidos?
10. ¿Cuáles son algunos productos exportados de los Estados Unidos?
11. El presidente de la empresa Agritractor dijo a uno de sus jefes de ventas: "Vendamos más tractores" ¿Cómo le contestó el jefe de ventas?
12. ¿Qué es lo que significa "llamar al pan pan y al vino vino"?
13. El diálogo se terminó cuando el filósofo dijo que había olvidado a su clase. Continúe Vd. el diálogo. (Otro estudiante hará la misma cosa con lo que ha inventado Vd.)

Temas para disertación

1. La psicología de las ventas.
2. La importancia de estudiar un idioma extranjero.

3. Por qué (no) quiero trabajar en el extranjero.
4. La diferencia entre los grados B.A. y B.S.
5. Cómo ganar amigos e influir sobre las personas.

Para escribir en español

Some sage has observed that people everywhere live by selling something, some with more success than others. Remember that there is a market for everything, even for the wisdom of a philosopher. If we do not sell a product for money, like the company salesman for a commission, we sell for a salary what we know or know how to do, for example the person who is available to teach foreign languages in a university. Nevertheless most people do not see themselves as salesmen. Three-fourths of United States college graduates who have studied all kinds of courses have never conceded enough importance to the art of winning friends and influencing people. If a student is looking for the offer of a job (especially in management) and if he lacks confidence or initiative, make no mistake: the recruiter will know it through the interview. "Then how does one find some degree of confidence?" you may ask. A student adviser would tell you to forget yourself, to listen when others talk to you, and to take an interest in your fellow man. If it is your custom always to be interested in other people, they may be interested in you — and in what you are selling.

---

el vendedor, la vendedora   salesman, saleswoman
el, la agente de colocaciones   recruiter
la empresa   company, firm
entrevistarse con   to interview
la entrevista   interview
el consejero (la consejera) de estudiantes   student adviser, student-affairs administrator
el club del profesorado   faculty club
tener lugar   to take place
el invitado, la invitada   guest
el graduado, la graduada   graduate
la seguridad   security
la administración   management, business administration
disponible   available
las ventas   sales, selling
el arte de vender   salesmanship
la sangre vital   lifeblood
la libertad de empresa   free enterprise
el sabio, la sabia   wise person, sage
todo el mundo   everybody
vivir   to live

la venta   sale
algo   something
la sapiencia   wisdom, knowledge, learning
equivocarse   to make a mistake
los Estados Unidos (*noun*)   United States
cuarto   one-fourth
bastante   enough
estadounidense (*adj.*)   United States
establecer   to establish
el año   year
conceder   to concede, grant
el grado   degree
la oferta   offer, supply
encontrar (ue)   to find
el idioma   language
extranjero   foreign
la costumbre   custom
la gente   people
por todas partes   everywhere
el mercado   market
por ciento   percent

la filial   subsidiary
en el extranjero   abroad
la mayoría   majority, most
a través de   through
siempre   always
el dinero   money
el sueldo   salary
el jefe (la jefa) de ventas   sales manager
llamar al pan pan y al vino vino   to call a spade a spade ("to call bread, bread and wine, wine")
faltar   to lack, be lacking
la confianza   confidence
entregarse   to take charge, sell oneself
influir sobre   to influence
enseñar   to teach
el prójimo   fellow man, neighbor
escuchar   to listen
recordar (ue)   to remember
el éxito   success
olvidar   to forget
acerca de   about

22 El profesional de radio-televisión

PROFESOR DE INGLÉS. Hay innumerables carreras en el arte comunicativo que llamamos "medios de comunicación a gran escala". Cada "comunicante" profesional está muy metido en algún aspecto de la *palabra* — hablada, escrita o visual. Como el político que participa en los debates públicos con voz resonante. Como el pastor con sus sermones fuertes y dramáticos. Como el escritor de la empresa anunciadora cuya publicidad no es ni debate ni sermón, sino una clase de persuasión muy especializada . . . y bien remunerada. Como el periodista o el novelista . . . o el profesor como yo. Los profesores nos ganamos la vida con la palabra hablada. Y ahora, para no correr el riesgo de hablar demasiado, me callo.

PROFESOR DE ESPAÑOL. Sí, hablamos mucho. De manera que voy a limitarme a indicar la importancia de las lenguas extranjeras para quien hable en público, especialmente los locutores de radio y de televisión. En un noticiario, por ejemplo, la mala pronunciación de solamente una palabra, sea el nombre de una persona o de un lugar o de una cosa, revela la ignorancia del locutor y ofende el oído de muchos miles de radioyentes o televidentes.

OTRA PROFESORA. Bien dicho. Soy profesora de expresión oral y enseño el arte de hablar en público: pronunciación, dicción, enunciación, persuasión. La mayor parte de mis ex-alumnos están empleados en algún ramo de radio y televisión, y están presentes. Escuchémoslos.

LOCUTOR DE RADIODIFUSIÓN. Ante el micrófono leo noticias, anuncios y otros textos preparados. No fumo porque no puedo correr el riesgo de estar ronco.

REDACTORA DE NOTICIAS DE TELEDIFUSIÓN. Redacto las noticias de teletipo y de nuestros reporteros. Paso todo el día en el estudio pero nunca aparezco en la pantalla de televisión.

DIRECTOR DE PROGRAMACIÓN DE TELEDIFUSIÓN. Organizo y desarrollo programas según mi presupuesto y el interés pertinente de los televidentes de nuestra región. El presupuesto depende de la venta de los anuncios comerciales.

VENDEDOR DE ANUNCIOS COMERCIALES. Vendo "tiempo", como se dice. Mi oficio puede ser el más lucrativo de todos. Me pagan sueldo y comisiones.

LOCUTOR DE UN PROGRAMA DE DISCOS. Todos saben lo que hago yo. Algunos sí, pero yo no soy graduado de universidad.

PROPIETARIO DE UNA ESTACIÓN DE RADIODIFUSIÓN LOCAL. Compré la estación. Casi todos los locutores trabajan sentados pero insisto en que los míos queden en pie cuando están en antena. Las palabras salen mejor.

UNO DE SUS LOCUTORES. Lo que Vd. no sabe, señor, es la broma que me gastaron los otros locutores un día cuando leía las noticias: poco a poco me quitaron la ropa.

EJECUTIVO DE LA RED BCS. Los sueldos de las redes radiotransmisoras o teletransmisoras son los mejores. Espere Vd. que le llamen a Nueva York antes de la edad de cuarenta años.

DIRECTOR DE UNA ESTACIÓN DE RADIODIFUSIÓN LOCAL. Les llamo la atención sobre la ley de lo no escrito. Nunca diga nada imprudente en el estudio, en caso de no haber cortado el micrófono. Y en antena nunca critique a su estación ni los productos anunciados comercialmente.

VOCERO DE LA FCC[1].   Y yo les llamo la atención sobre la ley de lo escrito. No se permiten locutores que no sean ciudadanos de los Estados Unidos. Y cuando el estudio está en antena, la puerta quedará siempre encerrada.

PROFESOR DE ESPAÑOL.   ¿Por qué?

VOCERO DE LA FCC.   Seguridad contra locos o revolucionarios.

Preguntas sobre el diálogo y el dibujo

1. Trece personas hablan en el diálogo. Trece personas aparecen en el dibujo. ¿Quién es quién?
2. Explique Vd. su interpretación del dibujo.
3. Nombre Vd. algunas carreras en los medios de comunicación a gran escala.
4. ¿Qué riesgo corren los profesores?
5. ¿Qué es lo que enseñan los tres profesores que aparecen en el diálogo?
6. ¿Cómo puede revelarse la ignorancia del locutor?
7. ¿Cuál es la carrera de muchos ex-alumnos de la profesora?
8. ¿Por qué no fuma el locutor?
9. ¿Qué es lo que significa "vender tiempo"?
10. Explique Vd. la broma que le gastaron al locutor que leía las noticias.
11. ¿En general cuáles son los mejores sueldos?
12. ¿Qué es lo que no se hace en antena?
13. ¿Qué es lo que no puede hacer un extranjero?
14. ¿Cuándo y por qué queda encerrada la puerta del estudio?

Puntos de partida

1. Nombre Vd. algunos medios de comunicación a gran escala que no aparecieron en el diálogo.
2. Explique Vd. la diferencia entre un debate y un sermón.
3. Nombre Vd. una clase de programa popular entre los televidentes en los Estados Unidos.
4. ¿Qué es lo que significa *redactar*?
5. Díganos Vd. lo que espera haber hecho a la edad de cuarenta años.
6. ¿Cuándo debe uno callarse?
7. Nombre Vd. tres lenguas extranjeras.
8. ¿Cuáles son algunos atributos de un buen orador?
9. Describa Vd. un anuncio comercial que le ofende al oído.
10. ¿Qué es lo que dijo el director de la estación a uno de sus locutores cuando salía del estudio?
11. ¿Cuál es la ventaja y cuál es la desventaja de trabajar a comisión?
12. ¿Cuánto cree Vd. que es el sueldo del presidente de los Estados Unidos?

Temas para disertación

1. Los medios de comunicación a gran escala.
2. Un debate (o un sermón).
3. Un noticiario.
4. Un anuncio comercial para TV.
5. La broma que gastamos a _____.

---

1.   Federal Communications Commission.

Para escribir en español

We are all "communicators" because we all talk. We can say the names of some persons, places, and things before we can stand. With our speech and hearing more developed, little by little we are taught to read our language. Then comes the age for the publicity called mass media. Advertising agencies are involved in all three kinds of this communication. We read the written word of journalists and writers. We listen to the spoken word of radio announcers, like the disc jockey and his commercials. Seated before our television screens we see programs, newscasts, and more commercials. Most announcers (always United States citizens, a written law of the FCC) speak from prepared texts, edited in the studio. A television producer organizes programs according to his budget, which depends on the sale of commercials by the salesman who "sells time," as they say. The most lucrative salaries are paid to the executives and important voices of the big networks and their branches. The owner of a local station can make a good living too. When the spokesman of a radio station called my attention to all this, he did not switch off his microphone, with the result that all his listeners know it too.

los medios de comunicación a gran escala mass media
llamar to call
el, la comunicante one who imparts or makes known
estar muy metido en to be involved in
la palabra word
el político, la política politician
la voz voice
fuerte strong
el escritor, la escritora writer
la empresa anunciadora advertising agency
el, la periodista journalist
ganarse la vida to make one's living
correr el riesgo to run the risk
callarse to be silent, keep quiet
de manera que so that
la lengua extranjera foreign language
el locutor, la locutora announcer
el noticiario newscast
el nombre name
el lugar place
el oído hearing, ear
el, la radioyente radio listener
el, la televidente televiewer
la expresión oral speech (*as a classroom course*)

el habla (*f.*) speech (*the act of speaking*)
enseñar to teach
el ex-alumno, la ex-alumna alumnus, alumna
el ramo branch
escuchar to listen (to)
la radiodifusión radio broadcasting
ante before, in front of
leer to read
las noticias news
el anuncio (comercial) announcement, "commercial"
fumar to smoke
ronco hoarse
el redactor, la redactora editor
la teledifusión television broadcasting
redactar to edit
aparecer to appear
la pantalla screen
el director (la directora) de programación producer
desarrollar to develop
el presupuesto budget
la venta sale
el tiempo time
el sueldo salary

el locutor (la locutora) de un programa de discos "disc jockey"
el propietario, la propietaria owner
sentado seated
quedar to remain, be
en pie on foot, standing
en antena on the air
salir to leave, come out
gastar una broma a to play a joke on
poco a poco little by little
quitar to take away, take off
la ropa clothes
el ejecutivo, la ejecutiva executive
la red network
esperar to wait, hope (for, to)
la edad age
la ley de lo no escrito unwritten law
cortar to cut (off), switch off
el vocero, la vocera spokesman, spokeswoman
el ciudadano, la ciudadana citizen
los Estados Unidos United States
la puerta door
siempre always
encerrar to lock
loco crazy

23 El hostelero

CAMARERO.   ¿Le mojo el puro en coñac, señor?

SR. COMEBIÉN.   Sí, gracias. Y me hace el favor de traer la cuenta.

CAMARERO.   Con mucho gusto. (*Se va.*)

SR. COMEBIÉN.   El restaurante parece caro pero elegante. Los vinos han estado bien escogidos y las salsas estupendas.

SRA. COMEBIÉN.   Y, mi amor, el servicio es muy discreto, ¿no te parece?

(Continúan charlando hasta la reaparición del camarero con el puro mojado, dos caramelos de menta y la cuenta en una bandeja.)

CAMARERO.   (*encendiéndole el puro al señor*) ¿Les ha gustado la comida?

SR. COMEBIÉN.   Mucho.

SRA. COMEBIÉN.   Elegante. Joven, si la pregunta no es muy indiscreta, sentimos curiosidad por saber por qué es camarero un joven tan eficiente e inteligente como Vd.

CAMARERO.   Muchas gracias, señores. Soy camarero profesional, con diploma de la Universidad de Houston, de la escuela de hostelería.

SRA. COMBIÉN.   ¿Escuela de hostelería . . . universitaria?

CAMARERO.   Sí, señora, hay varias: Cornell, Michigan State, Oklahoma State, Denver . . . para no graduados y graduados.

SRA. COMEBIÉN.   ¿Qué es lo que uno estudia allí?

CAMARERO.   Pues, cursos de gerencia, procedimiento, adquisiciones, preparación de comida, sanidad, otros muchos. En Houston los estudiantes aprenden haciendo funcionar un hotel. Al graduarse es muy fácil obtener empleo. Las cadenas como Hilton o Holiday Inn rivalizan mucho por los graduados para la administración de sus hoteles y moteles.

SR. COMEBIÉN.   Entonces, ¿por qué no trabaja Vd. en hostelería?

CAMARERO.   Lo haré, señor, pero voy a casarme pronto y gano más de momento con las propinas en un buen restaurante como éste. También gano experiencia porque casi todos los hoteles tienen comedor. Además estoy libre por las mañanas que es cuando estudio español con mi futura esposa, que es española. La fluidez en español u otro idioma es muy importante para el hostelero de hoy. Hay tantos huéspedes extranjeros, tanta correspondencia en otros idiomas. . . . Siento no haber estudiado más idiomas en la universidad.

SR. COMEBIÉN.   ¿Por qué no buscan Vd. y su esposa inversionistas que les ayuden a montar un hotel o motel? Así podrían vigilar el más perfecto servicio de cocina, comedor y alojamiento y en general la buena marcha de los otros servicios auxiliares.

CAMARERO.   *Vigilar* es la palabra justa. ¿Sabe Vd. cuál es el problema principal de la industria hotelera? Los robos. Pero, para contestar a su pregunta, sin muchísimo capital es casi imposible combatir a las cadenas. Y el pequeño hotel o motel, con menos de ciento veinticinco habitaciones, es económicamente impracticable para el futuro. No, me es conveniente persistir con mi plan: hoy camarero y mañana gerente en una cadena.

SRA. COMEBIÉN.   ¿Se puede preguntar cuántas mesas sirve Vd. en un día normal?

CAMARERO.   Vamos a ver . . . más o menos veinte. Y trabajo seis de cada siete días. (*Le llaman desde otra mesa.*) Con permiso, señores. (*Se va.*)

SRA. COMEBIÉN.   Petronio, ¿cuánto es la cuenta?
SR. COMEBIÉN.   A ver. Sesenta dólares. Con propina, setenta.
SRA. COMEBIÉN.   Diez multiplicado por veinte son doscientos. El camarero prospera.
SR. COMEBIÉN.   Es justo. Después de todo, es un restaurante elegante.
SRA. COMEBIÉN.   Paga y vamos a casa. ¿Dónde dejamos el Volkswagen?

Preguntas sobre el diálogo y el dibujo

1. Dibujo: Describa Vd. lo que está haciendo el camarero.
2. Dibujo: En la opinión de Vd., ¿por qué no podemos ver el coñac?
3. Dibujo: Describa Vd. lo que está haciendo la señora.
4. Dibujo: ¿Cómo sabemos que es un buen restaurante?
5. Diálogo: ¿Cómo sabemos que es un buen restaurante?
6. ¿Cómo se llama este restaurante?
7. ¿Cómo se explica el profesionalismo del camarero?
8. ¿Cuáles son los planes del camarero para el futuro?
9. ¿Por qué son importantes los idiomas para la hostelería?
10. Explique Vd. por qué no es fácil montar un hotel o motel independiente.
11. ¿Cuál es la reacción de Vd. sobre lo que dejó de propina el Sr. Comebién? (¿Mucho? ¿Poco? ¿Justo? ¿Por qué?)
12. ¿Cuál es la reacción de Vd. sobre lo que gana el camarero?
13. ¿Qué es lo que significa lo del Volkswagen?

Puntos de partida

1. ¿Cuándo trae el camarero la cuenta?
2. ¿Pagaría Vd. $20 por un buen vino? ¿Por qué (no)?
3. ¿Qué es lo que diría Vd. si el profesor encendiera un puro en clase?
4. ¿Para qué sirve una bandeja?
5. Explique Vd. lo que se aprende en la escuela de hostelería.
6. ¿Cuánto cuesta, más o menos, el alojamiento (cuarto individual) en el Holiday Inn?
7. ¿Qué propina le parece a Vd. justo dar por una comida que costó $25?
8. Describa Vd. lo que haría si la cuenta no estuviera correcta.
9. ¿Qué es lo que siente Vd. no haber hecho?
10. ¿Cuándo estará Vd. libre para casarse?
11. ¿Cuál es el plan de Vd. para mañana?
12. ¿Por qué no pudo Vd. pagar la cuenta?
13. Díganos lo que está haciendo Vd. de momento.
14. Hágale Vd. al profesor una pregunta discreta.

Temas para disertación

1. Los Sres. Comebién.
2. La buena marcha de un hotel.
3. Cómo ser un buen camarero (una buena camarera).
4. Las propinas.
5. Los robos.

Para escribir en español

Don't look for a reappearance of the many motels that a husband and wife used to operate without other investors. The small hotelkeeper cannot compete with the big chains with their dining rooms and many auxiliary services. It is not easy to run a chain hotel, so various universities have set up schools of hotel and restaurant management. The students, undergraduates and graduates, take courses like sanitation, food preparation, purchasing, and the procedures of management. When these young people graduate they can easily get jobs in hotel administration, but some choose expensive restaurants with elegant cuisine where they can wait on tables and with their tips earn as much as many hotelkeepers. Many waiters are free in the mornings to study the foreign languages that they regret not having taken in school. Restaurateurs and hotelkeeping professionals will tell you that to help their guests it is important for the managers to have a fluency in several languages. In hotels today you see guests chatting in many languages. What you do not see, but what all inkeepers look out for, is theft — the hotel industry's principal problem.

(el) hostelero, (la) hostelera innkeeper, hotelkeeper; hotelkeeping
la hostelería hotel and restaurant management, innkeeping
el, la fondista restaurateur
el camarero, la camarera waiter, waitress
mojar to moisten, dip
el puro cigar
traer to bring
la cuenta bill
parecer to seem, appear
caro expensive
el vino wine
escoger to choose, select
la salsa sauce
charlar to chat
la reaparición reappearance
el caramelo de menta mint candy
la bandeja tray
encender (ie) to light
la comida meal, food
sentir (ie, i) to feel, regret; **sentir curiosidad** to be curious

varios various, several
no graduado undergraduate
graduarse to graduate
estudiar to study, take (a course)
la gerencia management
el procedimiento procedure
la adquisición purchasing
la sanidad sanitation
el, la estudiante student
aprender to learn
hacer funcionar to operate, run
obtener to obtain, get
la cadena chain
rivalizar to vie, compete
casarse (con) to marry, get married (to)
de momento at present
la propina tip
el comedor dining room
libre free
mañana morning, tomorrow
el esposo, la esposa husband, wife
la fluidez fluency

el idioma language
hoy today
el, la huésped guest
extranjero foreign
el, la inversionista investor
ayudar (a) to help
montar to set up, establish
así (que) thus, so (that)
vigilar to watch over, look out for, superintend
la cocina kitchen, cuisine
el alojamiento lodging
la buena marcha smooth operation
justo right, proper
el robo theft
el cuarto, la habitación room
el, la gerente manager
la mesa table
llamar to call
con permiso Excuse me.
dejar to leave

Anverso

Reverso

STELLA

Con su nombre derivado de la estrella en el reverso, es la única pieza americana de $4 en oro. El gobierno hizo acuñar solamente diez monedas de este tipo de 1880, particularmente raras y muy buscadas por los coleccionistas.

24 El coleccionista

El año 1935.

DANIEL LISTO, PADRE.   ¡Feliz cumpleaños! Te regalo una Stella, pieza de oro de $4. Cuando naciste en 1922 esta pieza ya tenía 42 años. A mí me la regaló tu abuelo; ahora te la regalo a ti, hijo mío.

DANIEL LISTO, HIJO.   Es una maravilla, papá. ¿Cuánto vale?

DANIEL LISTO, PADRE.   ¿Eh? Uno no debe hacer tal pregunta. Pero vale $75. Guárdala bien porque puede valer mucho más algún día.

El año 1955: la Stella vale $1.000. El año 1965: la Stella vale $20.000. El año 1980: la Stella vale $100.000.

Febrero del año 1981.

DANIEL LISTO, HIJO.   ¡Feliz cumpleaños!, hijo mío. Te regalo la Stella que me regaló mi padre. Como eres un coleccionista de monedas no necesito explicarte lo que es ni cuánto vale.

DANIEL LISTO, TERCERO.   ¡Es una maravilla! Y un regalo incomparable. Con la Stella y el resto de mi colección, ya soy capitalista a la edad de 21 años.

DANIEL LISTO, HIJO.   ¿Pero qué vas a hacer después de terminar tus estudios en junio? El capitalista no puede vivir comiendo monedas.

DANIEL LISTO, TERCERO.   No sé, papá, no lo sé.

Abril del año 1981, en la clase de economía.

PROFESSOR.   En el fondo, el capitalismo representa la igualdad de oportunidad económica y se logra con la competencia, empezando con los votos de la mayoría. Pero lo esencial para el capitalismo es la continua expansión económica: los "progresos". Metas y riesgos. Sin metas no hay competencia. ¿Y qué es lo que facilita todo esto? La inversión, es decir, el capital. Préstamos, intereses. El crédito es el eje del sistema.

DANIEL, TERCERO.   ¿Por qué está en peligro ahora el sistema capitalista?

PROFESOR.   Demasiado crédito, demasiadas metas irrealizables, por parte de los individuos y de casi todos los gobiernos del mundo libre. El abuso del sistema. Lo vemos en la inflación, en la instabilidad, en la pérdida de valor del dinero, en la desconfianza del dólar . . . billetes ahora sin respaldo ni garantía. ¿Y cuál es el resultado? La busca de las cosas tangibles de valor: las joyas, las antigüedades, el arte, los metales preciosos, los libros raros, los sellos raros, las monedas raras, cualquier cosa de oferta restringida; en otro nivel, y como subproducto del ambiente de instabilidad, hasta las cosas de poco valor artístico o mineral — botellas, tarjetas, latas de cerveza. Casi todo el mundo se ha convertido en coleccionista de algo.

DANIEL, TERCERO.   *(pensando)* ¿Cómo me aprovecho de la manía? ¡Convirtiendo mi hobby en negocio! La numismática . . . hay mucha demanda. Los numismáticos, como los filatelistas, han estado ganando fortunas. Me haré numismático profesional, pero no antes de haberme hecho más experto. ¿Pero cómo saco el capital para empezar? Pues, ¡utilizando el sistema, con un préstamo! ¿Colateral? ¡Mi Stella!

El año 1982, en la tienda "Monedas para Inversión" de Daniel Listo, tercero.

EL INVERSIONISTA.   Quisiera comprar algunas monedas de oro, no raras sino solamente por el oro.

EL DEPENDIENTE.   Aquí tiene Vd. algunas posibilidades: la americana de $20 de fecha común, la mexicana de 50 pesos, el soberano inglés, la hoja de arce del Canadá, la Krugerrand, la de 100 coronas de Austria o de Hungría, la de 5 pesos de Colombia, la Chervonetz rusa. . . .

EL INVERSIONISTA.   ¿Los rusos acuñan monedas de oro para el mundo capitalista?

EL DEPENDIENTE.   Sí, señor, el oro comunista para comprar, con dólares, el trigo capitalista.

UNA MUJER.   Busco céntimos Lincoln para mi hijo de 13 años.

OTRO DEPENDIENTE.   Un momentito, señora, tenemos muchas.

EL GASTADOR SUNTUOSO.   Busco una Stella.

DANIEL, TERCERO.   Tenemos una en el banco si desea Vd. verla, $200.000 en efectivo.

30 minutos más tarde, en el banco.

EL GASTADOR SUNTUOSO.   La tomo. Es una maravilla.

Noche, en la casa suntuosa de los Listo, noviembre de 1986.

STELLA (*edad 4*).   Papito, ¿por qué me pusisteis el nombre de Stella, tú y mamita?

DANIEL, TERCERO.   Porque tú eres una maravilla . . . como las estrellas . . . y la única Stella que tenemos.

Preguntas sobre el diálogo y el dibujo

1. Indique Vd. la derivación de la palabra *Stella*.
2. ¿En qué año fue acuñada la Stella?
3. ¿Por qué son particularmente raras las Stellas?
4. ¿Quién regaló la Stella a Daniel, padre?
5. ¿Cuántos años tenía Daniel, hijo, en 1935?
6. ¿Cuál era la diferencia de valor de la Stella entre 1935 y 1965?
7. ¿Cuál es la explicación de ser capitalista Daniel, tercero, a la edad de 21 años?
8. ¿Cuál es la reacción de Vd. sobre la definición del capitalismo explicada por el profesor?
9. Según el profesor, ¿por qué se ha convertido en coleccionista casi todo el mundo?
10. ¿Cuáles son algunas monedas de oro que no son raras?
11. ¿Cómo sacó Daniel, tercero, capital para su tienda?
12. Según el dependiente, ¿por qué acuñan los rusos monedas de oro?
13. ¿Por qué es la Stella de 4 años "la única Stella que tenemos"?

Puntos de partida

1. Explique Vd. la diferencia entre la numismática y la filatelia.
2. Si yo le regalara a Vd. una Stella, ¿qué es lo que haría Vd. con ella?
3. Nombre Vd. una cosa suya que sea una maravilla.
4. Para Vd., ¿cuál sería un regalo incomparable que no sea moneda?
5. Describa Vd. su hobby. Si no lo tiene, ¿por qué?
6. Explique Vd. lo que es un experto.
7. Explique Vd. lo que es el colateral.
8. ¿Qué es lo que significa "el mundo libre"?
9. ¿Cuántos céntimos representan $4? ¿Cuántos dólares representan tres billetes de $10?
10. ¿Qué denominaciones de monedas americanas existen ahora?
11. ¿Por qué (no) necesita Vd. más dinero?
12. ¿Qué es lo que puede hacer feliz un cumpleaños?
13. Cuando termine Vd. sus estudios, ¿cuál será su plan?

Temas para disertación

1. Mi colección de _____.
2. Cómo convertir un hobby en negocio.
3. En busca del dinero.
4. Mi definición de los progresos.
5. Los problemas del capitalismo.

Para escribir en español

In the free world of capitalism, where governments are born by the votes of the majority, the essential goal is continuous economic progress, with equality of opportunity. This goal is attained by the investment of capital that pays interest to the investor while it facilitates credit, which is the axis of the system. For example, an individual without capital can avail himself of a loan for the backing of a store or business. But in all competition for money there is risk. An abuse of the system can begin with too much credit for too many unrealizable goals on the part of a government. Later we see the instability of inflation and the loss of value of the government's banknotes. In this atmosphere of distrust of money that is not worth much, people seek things of more tangible value and of more limited supply, like jewels, precious metals, art, antiques, rare books, rare stamps, or rare coins. A numismatist who is a big spender will pay many thousands of dollars in cash for a gold coin of a date that is not common. On another level, and as a by-product of the collectors' mania, some people start to collect even beer cans or bottles or cards. To everyone who does this, his collection represents, in substance, a kind of money when he thinks that the government's dollar is in danger.

---

el, la coleccionista   collector
coleccionar   to collect
la estrella   star
único   only
la pieza   piece, coin
el oro   gold
el gobierno   government
acuñar   to coin
la moneda   coin
padre   father, senior, Sr.
hijo   son, junior, Jr.
feliz cumpleaños   happy birthday
regalar   to give (*as a present*)
nacer   to be born
tener . . . años   to be . . . years old
el abuelo, la abuela   grandfather, grandmother
la maravilla   marvel
valer   to be worth
la edad   age
comer   to eat
en el fondo   in substance
la igualdad   equality
lograr   to attain
la competencia   competition
empezar (ie) (a)   to begin (to), start (to)

la mayoría   majority
la meta   goal
el riesgo   risk
la inversión   investment
el préstamo   loan
los intereses   interest
el eje   axis
el peligro   danger
por parte de   on the part of
el mundo libre   free world
la pérdida   loss
el valor   value
la desconfianza   distrust
el billete   bill, banknote
el respaldo   backing
la busca   search
la joya   jewel
la antigüedad   antique
el sello   stamp
la oferta restringida   limited supply
el nivel   level
el subproducto   by-product
el ambiente   atmosphere
la botella   bottle
la tarjeta   card
la lata de cerveza   beer can
todo el mundo   everybody
pensar (ie)   to think

aprovecharse de   to profit by, avail oneself of
el negocio   business (deal)
la numismática   numismatics, coin collecting
el numismático, la numismática   numismatist, coin collector
el, la filatelista   philatelist, stamp collector
sacar   to get
la tienda   store, shop
el, la inversionista   investor
el, la dependiente, la dependienta   clerk
la fecha   date
común   common
el soberano   sovereign (*a British gold coin*)
la hoja de arce   maple leaf
el ruso, la rusa   (*adjective and noun*) Russian
el trigo   wheat
suntuoso   sumptuous; **el "gastador suntuoso"**   the "big spender"
el banco   bank
en efectivo   in cash
tarde   late
tomar   to take

25 Otras carreras

Es una tertulia. Los personajes de este libro están reunidos en una especie de fiesta de despedida.

EL PROFESOR.   (*brindando con una copita de jerez español*) ¡Brindemos por los estudiantes! Ya tenemos carrera; ellos están en los umbrales de la suya.
Palabras de aprobación mientras que todos prueban el vino.

ERNEST HEMINGWAY.   (*bajando la copita*) Habría preferido algo más fuerte pero el vino tiene solera como todo lo español. Pero hablando del libro, es raro: un libro sobre el trabajo. Dostoyevski dijo que ninguna persona de inteligencia puede llegar a ser nada en serio.

EL TRADUCTOR.   Sr. Hemingway, le recuerdo que otro filósofo, Miguel de Unamuno, muy admirado por Vd., dijo que el trabajo es el único consuelo evidente de haber nacido.

RAMÓN EL BIBLIOTECARIO.   ¡Pesimista! La juventud no ve el mundo así. Es la brecha generacional.

LA APRENDIZA DE TODO, OFICIAL DE NADA.   Es posible que la definición del "éxito" ya no sea lo que era, pero admitamos que es fácil ser optimista o idealista en un mundo tan artificial como el del estudiante. ¿Qué es lo que hace uno . . . o una . . . cuando busca empleo y no lo encuentra? ¿Ser vagabundo?

DANIEL LISTO, EL COLECCIONISTA.   Pues, el hacerse vagabundo puede ser una carrera también. Sin embargo, para contestar a su pregunta, digo: montar una tienda. Vender cosméticos o vinos o aparatos o libros o animales . . . las posibilidades son infinitas. La clave del éxito del tendero es mantener en existencia la mercancía que tiene demanda, lo que es implícito en el proverbio: El que tiene tienda, que la atienda; si no, que la venda.

LA APRENDIZA DE TODO, OFICIAL DE NADA.   ¿Y si uno no puede obtener capital para eso?

LA CONSEJERA DE ESTUDIANTES.   Trabajar por su propia cuenta con un negocio que exija poco capital y poca formación. Limpiachimeneas . . . sí, lo digo en serio . . . o leñador para chimeneas, jardinero, fumigador, limpiador de cristales, pintor de casas, lavacoches, colmenero . . . cualquier servicio o producto que exija un mínimo de herramientas o materias.

EL ARTISTA QUE ILUSTRÓ EL LIBRO.   Me pregunto por qué no han figurado en este libro otras profesiones como la mía o arquitecto, músico, actor, científico, atleta. . . .

EL ABOGADO.   Porque exigen un talento especial.

EL VENDEDOR.   La motivación supera al talento.

LA CORREDORA BURSÁTIL.   Hasta cierto punto, sí, pero nadie puede ser un Muhammad Alí sin la coordinación física para ello. ¿No es así, Sr. Militar?

EL OFICIAL MILITAR.   Correcto, pero yo me disponía a preguntar por qué no apareció en el libro nada sobre el cuerpo diplomático.

LA MÉDICO.   Tal vez porque el servicio gubernamental sea ya tan grande y amorfo; pero es evidente la importancia de los idiomas extranjeros para el cuerpo diplomático. También para el auxilio social, otro oficio que no apareció hasta ahora. Existen muchísimas agencias sociales del sector privado y público para los pobres, los enfermos, los ancianos, los delincuentes, los inmigrantes, los obreros migratorios . . . además de las organizaciones similares a los Guías Scout y la YMCA. Participan muchos voluntarios pero también profesionales que han estudiado sociología y psicología . . . e idiomas modernos para comunicarse con las minorías.

EL AGRICULTOR.   Lo lamentable es que los profesionales de auxilio social son, con algunas excepciones, los peor remunerados de todas las carreras.

LA CORREDORA DE BIENES RAÍCES.   No, hay otra aun peor remunerada.

MÓNICA LA BANCARIA.   ¿Cuál?

LA CORREDORA DE BIENES RAÍCES.   La de ama de casa.

LA AUXILIAR DE VUELO.   ¿Es carrera?

EL SECRETARIO.   Sí, es carrera. Si a veces la vida matrimonial parece limitativa para la esposa y madre, también lo es el empleo fuera de hogar.

EL DENTISTA.   ¿Es para realización de sí misma, o es por necesidad, que la joven casada de hoy sale a trabajar? No lo sé. Sólo sé que hay más divorcios que nunca.

EL CONSTRUCTOR.   Sería interesante si la gente, como las aves, tuviera que construir una casa antes de consumar el matrimonio.

SRA. COMEBIÉN.   ¡Qué idea más extravagante!

EL ROBOT.   Con esto despidámonos porque no queda más tiempo.
Todos se despiden y empiezan a marcharse.

SR. COMEBIÉN.   Me han gustado la fiesta y el vino. ¿Quién los pagó?

EL CAMARERO.   D. Van Nostrand.

SR. COMEBIÉN.   ¿Quién es él?

EL CAMARERO.   No es él sino ella: la casa editorial.

Preguntas sobre el diálogo y el dibujo

1. Identifique Vd. a algunas de las personas en el dibujo.
2. ¿Cuál de las personas en el dibujo será el artista? ¿Por qué?
3. ¿Quién será el niño en la escalera? (No aparece en el libro.)
4. ¿Cuál es la observación de Hemingway sobre el jerez?
5. ¿Cuál es la opinión de Vd. sobre lo que dijo Dostoyevski?
6. ¿Cuál es la reacción de Vd. sobre lo que dijo Unamuno?
7. Explique Vd. el proverbio de Daniel Listo, el coleccionista.
8. Explique Vd. lo que es el auxilio social.
9. ¿Cuál es la opinión de Vd. sobre lo que dice el secretario?
10. Explique Vd. la intención de lo que dice el dentista.
11. ¿Cómo saben los personajes que la fiesta ha terminado?
12. Hablando solamente de los personajes que participaron en el diálogo, ¿cuáles cree Vd. que ganan mucho dinero y cuáles ganan poco?

Puntos de partida

1. ¿Qué es lo que significa la brecha generacional?
2. ¿Cuál es la definición de Vd. del éxito?
3. Si Vd. montara una tienda, ¿qué clase de tienda sería? ¿Por qué?
4. ¿Qué es lo que sabría Vd. hacer si le fuera necesario trabajar por su propia cuenta?
5. Explique Vd. la diferencia entre *voluntario* y *profesional*.
6. Las madres no deben tener empleo; deben atender la casa. ¿Sí o no? Explique Vd. la razón de su opinión.
7. ¿Por qué cree Vd. que hay tantos divorcios?
8. Nombre Vd. una ventaja y una desventaja del trabajo por su propia cuenta.

9. ¿Por qué (no) está Vd. en los umbrales de una carrera?
10. El autor de este libro le invita a Vd. a una fiesta de despedida el próximo domingo a las cinco de la tarde en Miami, Florida. Sírvase enviar respuesta.

Temas para disertación

1. Una fiesta (o tertulia).
2. Yo quisiera ser _____.
3. Los problemas de la juventud.
4. Profesiones para las que es importante un idioma extranjero.
5. Observaciones sobre este libro.

Para escribir en español

It was a sort of *tertulia*, a farewell party paid for by the publishing house. Those who participated in the party were the characters who have appeared in this book. They toasted with glasses of aged sherry, although Ernest Hemingway (a rare bird) said he would have preferred to try something stronger than wine. When they began to discuss work and jobs, some pessimist said that work was the only apparent consolation for having been born. Maybe youth of today does not look at the world that way; maybe the definition of success has changed. Nevertheless it seems that almost every young student sees himself on the threshold of a career, even the young mother, although one asks oneself whether it is for self-fulfillment that she seeks employment outside the home or whether it is by necessity. Daniel Listo discussed shopkeepers and their key to success: the importance of minding the shop and of maintaining an inventory of merchandise that is in demand. A student adviser spoke of self-employment in services that do not require much capital or many tools, like the chimneysweep (seriously!), beekeeper, or seller of fireplace wood. The military officer asked about government service like the diplomatic corps while the doctor gave some opinions on social work and its less remunerated professionals. Other characters were getting ready to describe the advantages and disadvantages of being a homemaker when time ran out, so they all said goodbye and left.

This list, intentionally abbreviated, contains only key words or words not used elsewhere in the book. If you have covered a number of chapters, use this one to see how much vocabulary you have retained.

la tertulia　social gathering for purposeful discussion
la fiesta de despedida　farewell party
brindar por　to make a toast to, toast
el jerez　sherry
en los umbrales de　on the threshold of
probar (ue)　to try, sample
fuerte　strong
la solera　old vintage
en serio　seriously
el consuelo　consolation
la juventud　youth
la brecha generacional　generation gap
el éxito　success
la tienda　store, shop

el aparato　appliance, fixture
la clave　key
el tendero, la tendera　shopkeeper
en existencia　on hand, in stock
la mercancía　merchandise
atender (ie)　to attend to
trabajar por su propia cuenta　to be self-employed
el, la limpiachimeneas　chimneysweep
el leñador (la leñadora) para chimeneas　seller of wood for fireplaces
el limpiador (la limpiadora) de cristales　window washer
el, la lavacoches　car washer
el colmenero, la colmenera　beekeeper

la herramienta　tool
superar　to overcome, beat
disponerse (a)　to get ready (to)
el cuerpo diplomático　diplomatic corps, foreign service
el auxilio social　social work
el ama (f.) de casa　homemaker, housewife
el hogar　home
la realización de sí mismo　self-fulfillment
el ave (f.)　bird
la casa editorial　publishing house
discutir　to discuss
la escalera　staircase
Sírvase enviar respuesta.　R.S.V.P.

Apéndice

REGULAR VERBS (VERBOS REGULARES)

-ar	-er	-ir
	INFINITIVE (INFINITIVO)	
tomar *to take*	**comer** *to eat*	**vivir** *to live*
	PRESENT PARTICIPLE (GERUNDIO)	
tomando *taking*	**comiendo** *eating*	**viviendo** *living*
	PAST PARTICIPLE (PARTICIPIO PASADO)	
tomado *taken*	**comido** *eaten*	**vivido** *lived*

SIMPLE TENSES (TIEMPOS SIMPLES)

INDICATIVE MOOD (MODO INDICATIVO)

PRESENT (PRESENTE)

I take, do take,	*I eat, do eat,*	*I live, do live,*
am taking	*am eating*	*am living*
tom**o**	com**o**	viv**o**
tom**as**	com**es**	viv**es**
tom**a**	com**e**	viv**e**
tom**amos**	com**emos**	viv**imos**
tom**áis**	com**éis**	viv**ís**
tom**an**	com**en**	viv**en**

IMPERFECT (IMPERFECTO)

I was taking, used	*I was eating, used*	*I was living, used*
to take, took	*to eat, ate*	*to live, lived*
tom**aba**	com**ía**	viv**ía**
tom**abas**	com**ías**	viv**ías**
tom**aba**	com**ía**	viv**ía**
tom**ábamos**	com**íamos**	viv**íamos**
tom**abais**	com**íais**	viv**íais**
tom**aban**	com**ían**	viv**ían**

PRETERIT (PRETÉRITO)

I took, did take	*I ate, did eat*	*I lived, did live*
tom**é**	com**í**	viv**í**
tom**aste**	com**iste**	viv**iste**
tom**ó**	com**ió**	viv**ió**
tom**amos**	com**imos**	viv**imos**
tom**asteis**	com**isteis**	viv**isteis**
tom**aron**	com**ieron**	viv**ieron**

FUTURE (FUTURO)

I will take	*I will eat*	*I will live*
tomaré	comeré	viviré
tomarás	comerás	vivirás
tomará	comerá	vivirá
tomaremos	comeremos	viviremos
tomaréis	comeréis	viviréis
tomarán	comerán	vivirán

CONDITIONAL (CONDICIONAL)

I would take	*I would eat*	*I would live*
tomaría	comería	viviría
tomarías	comerías	vivirías
tomaría	comería	viviría
tomaríamos	comeríamos	viviríamos
tomaríais	comeríais	viviríais
tomarían	comerían	vivirían

COMMANDS (MANDOS)

AFFIRMATIVE (AFIRMATIVO)

take	*eat*	*live*
toma (tú)	come (tú)	vive (tú)
tome (Vd.)	coma (Vd.)	viva (Vd.)
tomemos (*let's take*)	comamos (*let's eat*)	vivamos (*let's live*)
tomad (vosotros, -as)	comed (vosotros, -as)	vivid (vosotros, -as)
tomen (Vds.)	coman (Vds.)	vivan (Vds.)

NEGATIVE (NEGATIVO)

do not take	*do not eat*	*do not live*
No tomes (tú)	No comas (tú)	No vivas (tú)
No tome (Vd.)	No coma (Vd.)	No viva (Vd.)
No tomemos (*let's not take*)	No comamos (*let's not eat*)	No vivamos (*let's not live*)
No toméis (vosotros, -as)	No comáis (vosotros, -as)	No viváis (vosotros, -as)
No tomen (Vds.)	No comán (Vds.)	No vivan (Vds.)

SUBJUNCTIVE MOOD (MODO SUBJUNTIVO)

PRESENT (PRESENTE)

(that) I may take	*(that) I may eat*	*(that) I may live*
tome	coma	viva
tomes	comas	vivas
tome	coma	viva
tomemos	comamos	vivamos
toméis	comáis	viváis
tomén	coman	vivan

IMPERFECT, **s** FORM (IMPERFECTO, FORMA EN **s**)

(that) I might (would) take	*(that) I might (would) eat*	*(that) I might (would) live*
tom**ase**	com**iese**	viv**iese**
tom**ases**	com**ieses**	viv**ieses**
tom**ase**	com**iese**	viv**iese**
tom**ásemos**	com**iésemos**	viv**iésemos**
tom**aseis**	com**ieseis**	viv**ieseis**
tom**asen**	com**iesen**	viv**iesen**

r FORM (FORMA EN **r**)

tom**ara**	com**iera**	viv**iera**
tom**aras**	com**ieras**	viv**ieras**
tom**ara**	com**iera**	viv**iera**
tom**áramos**	com**iéramos**	viv**iéramos**
tom**arais**	com**ierais**	viv**ierais**
tom**aran**	com**ieran**	viv**ieran**

COMPOUND TENSES (TIEMPOS COMPUESTOS)

INDICATIVE MOOD (MODO INDICATIVO)

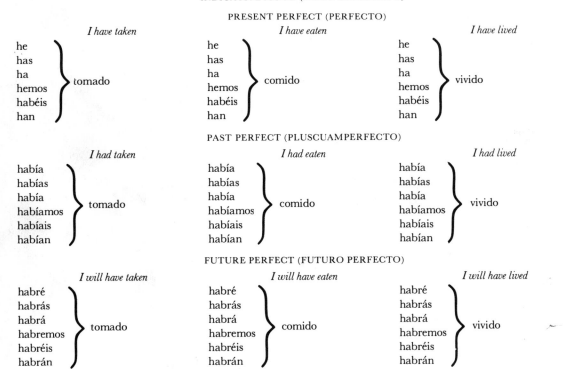

PRESENT PERFECT (PERFECTO)

I have taken	*I have eaten*	*I have lived*
he	he	he
has	has	has
ha } tomado	ha } comido	ha } vivido
hemos	hemos	hemos
habéis	habéis	habéis
han	han	han

PAST PERFECT (PLUSCUAMPERFECTO)

I had taken	*I had eaten*	*I had lived*
había	había	había
habías	habías	habías
había } tomado	había } comido	había } vivido
habíamos	habíamos	habíamos
habíais	habíais	habíais
habían	habían	habían

FUTURE PERFECT (FUTURO PERFECTO)

I will have taken	*I will have eaten*	*I will have lived*
habré	habré	habré
habrás	habrás	habrás
habrá } tomado	habrá } comido	habrá } vivido
habremos	habremos	habremos
habréis	habréis	habréis
habrán	habrán	habrán

CONDITIONAL PERFECT (CONDICIONAL PERFECTO)

I would have taken		*I would have eaten*		*I would have lived*	
habría		habría		habría	
habrías		habrías		habrías	
habría	tomado	habría	comido	habría	vivido
habríamos		habríamos		habríamos	
habríais		habríais		habríais	
habrían		habrían		habrían	

SUBJUNCTIVE MOOD (MODO SUBJUNTIVO)

PRESENT PERFECT (PERFECTO)

(that) I may have taken		*(that) I may have eaten*		*(that) I may have lived*	
haya		haya		haya	
hayas		hayas		hayas	
haya	tomado	haya	comido	haya	vivido
hayamos		hayamos		hayamos	
hayáis		hayáis		hayáis	
hayan		hayan		hayan	

PAST PERFECT, s FORM (PLUSCUAMPERFECTO, FORMA EN s)

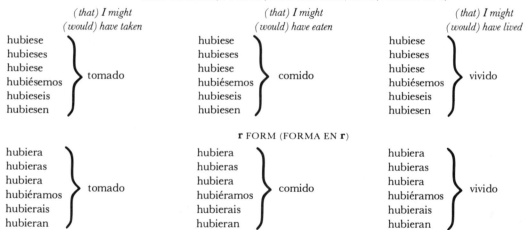

(that) I might (would) have taken		*(that) I might (would) have eaten*		*(that) I might (would) have lived*	
hubiese		hubiese		hubiese	
hubieses		hubieses		hubieses	
hubiese	tomado	hubiese	comido	hubiese	vivido
hubiésemos		hubiésemos		hubiésemos	
hubieseis		hubieseis		hubieseis	
hubiesen		hubiesen		hubiesen	

r FORM (FORMA EN r)

hubiera		hubiera		hubiera	
hubieras		hubieras		hubieras	
hubiera	tomado	hubiera	comido	hubiera	vivido
hubiéramos		hubiéramos		hubiéramos	
hubierais		hubierais		hubierais	
hubieran		hubieran		hubieran	

RADICAL-CHANGING VERBS
(VERBOS QUE CAMBIAN LA RADICAL)

CLASS I (Iª CLASE)

Verbs of the first and second conjugations only; **e** becomes **ie** and **o** becomes **ue** throughout the singular and in the third-person plural of the present indicative, present subjunctive, and the commands:

pensar *to think*

PRES. IND.	**pienso, piensas, piensa,** pensamos, pensáis, **piensan**
PRES. SUBJ.	**piense, pienses, piense,** pensemos, penséis, **piensen**
COMMAND	**piensa, piense,** pensemos, pensad, **piensen**

volver *to return, turn*

PRES. IND.   **vuelvo, vuelves, vuelve,** volvemos, volvéis, **vuelven**

PRES. SUBJ.   **vuelva, vuelvas, vuelva,** volvamos, volváis, **vuelvan**

COMMAND   **vuelve, vuelva,** volvamos, volved, **vuelvan**

CLASS II (II^a CLASE)

Verbs of the third conjugation only; **e** becomes **ie, o** becomes **ue,** as in Class I; **e** becomes **i, o** becomes **u** in the third-person singular and plural of the preterit indicative, in the first- and second-persons plural of the present subjunctive, throughout the imperfect subjunctive, and in the present participle:

sentir *to feel, regret*

PRES. IND.   **siento, sientes, siente,** sentimos, sentís, **sienten**

PRET. IND.   sentí, sentiste, **sintió,** sentimos, sentisteis, **sintieron**

PRES. SUBJ.   **sienta, sientas, sienta, sintamos, sintáis, sientan**

IMPERF. SUBJ. { (**s** form) **sintiese,** etc.
               { (**r** form) **sintiera,** etc.

COMMAND   **siente, sienta,** sentemos, sentad, **sientan**

PRES. PART.   **sintiendo**

dormir *to sleep*

PRES. IND.   **duermo, duermes, duerme,** dormimos, dormís, **duermen**

PRET. IND.   dormí, dormiste, **durmió,** dormimos, dormisteis, **durmieron**

PRES. SUBJ.   **duerma, duermas, duerma, durmamos, durmáis, duerman**

IMPERF. SUBJ. { (**s** form) **durmiese,** etc.
               { (**r** form) **durmiera,** etc.

COMMAND   **duerme, duerma,** durmamos, dormid, **duerman**

PRES. PART.   **durmiendo**

CLASS III (III^a CLASE)

Verbs of the third conjugation only; **e becomes i** (there are no **o** verbs) in all forms that had any radical change in Class II:

pedir *to ask (for)*

PRES. IND.   **pido, pides, pide,** pedimos, pedís, **piden**

PRET. IND.   pedí, pediste, **pidió,** pedimos, pedisteis, **pidieron**

PRES. SUBJ.   **pida, pidas, pida, pidamos, pidáis, pidan**

IMPERF. SUBJ. { (**s** form) **pidiese,** etc.
               { (**r** form) **pidiera,** etc.

COMMAND   **pide, pida, pidamos,** pedid, **pidan**

PRES. PART.   **pidiendo**

**ORTHOGRAPHIC-CHANGING VERBS
(VERBOS CON CAMBIO ORTOGRÁFICO)**

Verbs of the first conjugation ending in **car, gar, guar,** and **zar** have the following changes before **e** in the first-person singular preterit indicative and throughout the present subjunctive and commands:

c to **qu**   **sacar** *to take out*

                saqué, sacaste, etc.

                saque, saques, etc.

g to **gu**   **pagar** *to pay (for)*
                          pagué, pagaste, etc.
                          pague, pagues, etc.

gu to **gü**   **averiguar** *to find out*
                          averigüé, averiguaste, etc.
                          averigüe, averigües, etc.

z to **c**   **empezar** *to begin*
                          empecé, empezaste, etc.
                          empiece, empieces, etc.

Verbs of the second and third conjugations ending in **cer, cir, ger, gir, guir,** and **quir** have the following changes before **o** and **a** in the first-person singular present indicative and throughout the present subjunctive: **c** to **z** (if the ending **cer** or **cir** is preceded by a consonant)

                          vencer *to conquer*
                          venzo, vences, etc.
                          venza, venzas, etc.
                          esparcir *to scatter*
                          esparzo, esparces, etc.
                          esparza, esparzas, etc.

c to **zc** (if the ending **cer** or **cir** is preceded by a vowel)

                          conocer *to know*
                          conozco, conoces, etc.
                          conozca, conozcas, etc.

g to **j**   **coger** *to catch*
                          cojo, coges, etc.
                          coja, cojas, etc.
                          dirigir *to direct*
                          dirijo, diriges, etc.
                          dirija, dirijas, etc.

gu to **g**   **distinguir** *to distinguish*
                          distingo, distingues, etc.
                          distinga, distingas, etc.

qu to **c**   **delinquir** *to be delinquent*
                          delinco, delinques, etc.
                          delinca, delincas, etc.

Verbs whose stem ends in a vowel change unaccented **i** between two vowels to **y** in the third-person singular and plural preterit indicative, throughout the imperfect subjunctive, and in the present participle:

leer *to read*   leí, leíste, **leyó,** leímos, leísteis, **leyeron**
                                     leyese, etc.
                                     leyendo

Verbs ending in **uir** in which the **u** is sounded insert **y** before all vowels except **i** throughout the present indicative and present subjunctive:

incluir *to include*   **incluyo, incluyes, incluye,** incluimos, incluís, **incluyen**
                                     incluya, etc.

Some verbs ending in **iar** and **uar** bear a written accent on **i** and **u** throughout the singular and the third-person plural of the present indicative and present subjunctive, and in the second-person singular and third-person plural of the command.

enviar *to send*	**envío, envías, envía**, enviamos, enviáis, **envían**
	envíe, envíes, envíe, enviemos, enviéis, **envíen**
	envía, envíe, enviemos, enviad, **envíen** (commands)
continuar *to continue*	**continúo, continúas, continúa**, continuamos, continuáis, **continúan**
	continúe, continúes, continúe, continuemos, continuéis, **continúen**
	continúa, continúe, continuemos, continuad, **continúen**

Verbs ending in **eír**, in changing stem **e** to **i**, drop the **i** of endings beginning with **ie** or **io**. Stem vowel **i** takes a written accent in the present indicative:

reír *to laugh*	**río, ríes, ríe**, reímos, reís, **ríen**
	reí, reíste, **rio**, reímos, reísteis, **rieron**
	riese, etc.
	riera, etc.
	riendo

Verbs whose stem ends in **ll** or **ñ** drop the **i** of endings beginning with **ie** and **io**. Likewise, irregular preterits with stems ending in **j** drop **i** of endings beginning with **ie** and **io**:

bullir *to boil, bubble*	**bulló, bulleron**
	bullese, etc.
	bullera, etc.
	bullendo
reñir *to scold, quarrel*	**riñó, riñeron**
	riñese, etc.
	riñera, etc.
	riñendo
decir *to say, tell*	**dijeron**
	dijese, etc.
	dijera, etc.

Other verbs like **decir** are **traer** *(to bring)* and compounds of **-ducir**, such as **conducir** *(to conduct)*.

Some verbs are both radical-changing and orthographic changing:

comenzar *to begin*	**comienzo**
	comience
colgar *to hang*	**cuelgo**
	cuelgue

IRREGULAR VERBS
(VERBOS IRREGULARES)

Verbs that are irregular in the past participle only are: **abrir** *(to open)*, **abierto; cubrir** *(to cover)*, **cubierto; escribir** *(to write)*, **escrito; imprimir** *(to print)*, **impreso**, and **romper** *(to break)*, **roto**.

The following verbs also have irregular past participles: **disolver (ue)** *(to dissolve)*, **disuelto; freír (i, i)** *(to fry)*, **frito; morir (ue, u)** *(to die)*, **muerto; volver (ue)** *(to return)*, **vuelto**.

andar *to go, walk*

PRET.	**anduve, anduviste, anduvo, anduvimos, anduvisteis, anduvieron**
IMPERF. SUBJ.	{ (**s** form) **anduviese**, etc. (**r** form) **anduviera**, etc.

caber *to fit, be contained in*

PRES. IND.	**quepo, cabes, cabe, cabemos, cabéis, caben**
PRET. IND.	**cupe, cupiste, cupo, cupimos, cupisteis, cupieron**
FUT. IND.	**cabré, cabrás, cabrá, cabremos, cabréis, cabrán**
COND.	**cabría, cabrías, cabría, cabríamos, cabríais, cabrían**
PRES. SUBJ.	**quepa, quepas, quepa, quepamos, quepáis, quepan**
IMPERF. SUBJ.	{ (**s** form) **cupiese**, etc. (**r** form) **cupiera**, etc.

caer *to fall*

PRES. IND.	**caigo, caes, cae, caemos, caéis, caen**
PRET. IND.	**caí, caíste, cayó, caímos, caísteis, cayeron**
PRES. SUBJ.	**caiga, caigas, caiga, caigamos, caigáis, caigan**
IMPERF. SUBJ.	{ (**s** form) **cayese**, etc. (**r** form) **cayera**, etc.
COMMAND	**cae, caiga, caigamos, caed, caigan**
PAST. PART.	**caído**
PRES. PART.	**cayendo**

conducir *to conduct*

PRES. IND.	**conduzco, conduces, conduce, conducimos, conducís, conducen**
PRET. IND.	**conduje, condujiste, condujo, condujimos, condujisteis, condujeron**
PRES. SUBJ.	**conduzca, conduzcas, conduzca, conduzcamos, conduzcáis, conduzcan**
IMPERF. SUBJ.	{ (**s** form) **condujese**, etc. (**r** form) **condujera**, etc.
COMMAND	**conduce, conduzca, conduzcamos, conducir, conduzcan**

dar *to give*

PRES. IND.	**doy, das, da, damos, dais, dan**
PRET. IND.	**di, diste, dio, dimos, disteis, dieron**
PRES. SUBJ.	**dé, des, dé, demos, deis, den**
IMPERF. SUBJ.	{ (**s** form) **diese**, etc. (**r** form) **diera**, etc.
COMMAND	**da, dé, demos, dad, den**

decir *to say, tell*

PRES. IND.	**digo, dices, dice, decimos, decís, dicen**
PRET. IND.	**dije dijiste, dijo, dijimos, dijisteis, dijeron**
FUT. IND.	**diré, dirás, dirá, diremos, diréis, dirán**
COND.	**diría, dirías, diría, diríamos, diríais, dirían**
PRES. SUBJ.	**diga, digas, diga, digamos, digáis, digan**
IMPERF. SUBJ.	{ (**s** form) **dijese**, etc. (**r** form) **dijera**, etc.
COMMAND	**di, diga, digamos, decid, digan**
PAST. PART.	**dicho**
PRES. PART.	**diciendo**

errar *to err*

PRES. IND.	**yerro, yerras, yerra, erramos, erráis, yerran**
PRES. SUBJ.	**yerre, yerres, yerre, erremos, erréis, yerren**
COMMAND	**yerra, yerre, erremos, errad, yerren**

estar *to be*

PRES. IND.	**estoy, estás, está, estamos, estáis, están**
PRET. IND.	**estuve, estuviste, estuvo, estuvimos, estuvisteis, estuvieron**
PRES. SUBJ.	**esté, estés, esté, estemos, estéis, estén**
IMPERF. SUBJ.	{ (**s** form) **estuviese,** etc. (**r** form) **estuviera,** etc.
COMMAND	**está, esté, estemos, estad, estén**

haber *to have (impers., to be)*

PRES. IND.	**he, has, ha** (impersonal, **hay**), **hemos, habéis, han**
PRET. IND.	**hube, hubiste, hubo, hubimos, hubisteis, hubieron**
FUT. IND.	**habré, habrás, habrá, habremos, habréis, habrán**
COND.	**habría, habrías, habría, habríamos, habríais, habrían**
PRES. SUBJ.	**haya, hayas, haya, hayamos, hayáis, hayan**
IMPERF. SUBJ.	{ (**s** form) **hubiese,** etc. (**r** form) **hubiera,** etc.

hacer *to do, make*

PRES. IND.	**hago, haces, hace, hacemos, hacéis, hacen**
PRET. IND.	**hice, hiciste, hizo, hicimos, hicisteis, hicieron**
FUT. IND.	**haré, harás, hará, haremos, haréis, harán**
COND.	**haría, harías, haría, haríamos, haríais, harían**
PRES. SUBJ.	**haga, hagas, haga, hagamos, hagáis, hagan**
IMPERF. SUBJ.	{ (**s** form) **hiciese,** etc. (**r** form) **hiciera,** etc.
COMMAND	**haz, haga, hagamos, haced, hagan**
PAST. PART.	**hecho**

ir *to go*

PRES. IND.	**voy, vas, va, vamos, vais, van**
IMPERF. IND.	**iba, ibas, iba, íbamos, ibais, iban**
PRET. IND.	**fui, fuiste, fue, fuimos, fuisteis, fueron**
PRES. SUBJ.	**vaya, vayas, vaya, vayamos, vayáis, vayan**
IMPERF. SUBJ.	{ (**s** form) **fuese,** etc. (**r** form) **fuera,** etc.
COMMAND	**ve, vaya, vayamos, id, vayan**
PAST. PART.	**yendo**

jugar *to play*

PRES. IND.	**juego, juegas, juega, jugamos, jugáis, juegan**
PRET. IND.	**jugué, jugaste, jugó, jugamos, jugasteis, jugaron**
PRES. SUBJ.	**juegue, juegues, juegue, juguemos, juguéis, jueguen**
COMMAND	**juega, juegue, juguemos, jugad, jueguen**

oír *to hear*

PRES. IND.	**oigo, oyes, oye, oímos, oís, oyen**
PRET. IND.	**oí, oíste, oyó, oímos, oísteis, oyeron**
PRES. SUBJ.	**oiga, oigas, oiga, oigamos, oigáis, oigan**
IMPERF. SUBJ.	{ (**s** form) **oyese,** etc. (**r** form) **oyera,** etc.
COMMAND	**oye, oiga, oigamos, oíd, oigan**
PAST. PART.	**oído**
PRES. PART.	**oyendo**

oler *to smell*

PRES. IND.	**huelo, hueles, huele, olemos, oléis, huelen**
PRES. SUBJ.	**huela, huelas, huela, olamos, oláis, huelan**
COMMAND	**huele, huela, olamos, oled, huelan**

poder *to be able*

PRES. IND.	**puedo, puedes, puede, podemos, podéis, pueden**
PRET. IND.	**pude, pudiste, pudo, pudimos, pudisteis, pudieron**
FUT. IND.	**podré, podrás, podrá, podremos, podréis, podrán**
COND.	**podría, podrías, podría, podríamos, podríais, podrían**
PRES. SUBJ.	**pueda, puedas, pueda, podamos, podáis, puedan**
IMPERF. SUBJ.	{ (s form) **pudiese**, etc. { (r form) **pudiera**, etc.
PRES. PART.	**pudiendo**

poner *to put, place*

PRES. IND.	**pongo, pones, pone, ponemos, ponéis, ponen**
PRET. IND.	**puse, pusiste, puso, pusimos, pusisteis, pusieron**
FUT. IND.	**pondré, pondrás, pondrá, pondremos, pondréis, pondrán**
COND.	**pondría, pondrías, pondría, pondríamos, pondríais, pondrían**
PRES. SUBJ.	**ponga, pongas, ponga, pongamos, pongáis, pongan**
IMPERF. SUBJ.	{ (s form) **pusiese**, etc. { (r form) **pusiera**, etc.
COMMAND	**pon, ponga, pongamos, poned, pongan**
PAST. PART.	**puesto**

querer *to wish, want*

PRES. IND.	**quiero, quieres, quiere, queremos, queréis, quieren**
PRET. IND.	**quise, quisiste, quiso, quisimos, quisisteis, quisieron**
FUT. IND.	**querré, querrás, querrá, querremos, querréis, querrán**
COND.	**querría, querrías, querría, querríamos, querríais, querrían**
PRES. SUBJ.	**quiera, quieras, quiera, queramos, queráis, quieran**
IMPERF. SUBJ.	{ (s form) **quisiese**, etc. { (r form) **quisiera**, etc.
COMMAND	**quiere, quiera, queramos, quered, quieran**

saber *to know*

PRES. IND.	**sé, sabes, sabe, sabemos, sabéis, saben**
PRET. IND.	**supe, supiste, supo, supimos, supisteis, supieron**
FUT. IND.	**sabré, sabrás, sabrá, sabremos, sabréis, sabrán**
COND.	**sabría, sabrías, sabría, sabríamos, sabríais, sabrían**
PRES. SUBJ.	**sepa, sepas, sepa, sepamos, sepáis, sepan**
IMPERF. SUBJ.	{ (s form) **supiese**, etc. { (r form) **supiera**, etc.
COMMAND	**sabe, sepa, sepamos, sabed, sepan**

salir *to go out*

PRES. IND.	**salgo, sales, sale, salimos, salís, salen**
FUT. IND.	**saldré, saldrás, saldrá, saldremos, saldréis, saldrán**
COND.	**saldría, saldrías, saldría, saldríamos, saldríais, saldrían**
PRES. SUBJ.	**salga, salgas, salga, salgamos, salgáis, salgan**
COMMAND	**sal, salga, salgamos, salid, salgan**

ser *to be*

PRES. IND.	soy, eres, es, somos, sois, son
IMPERF. IND.	era, eras, era, éramos, erais, eran
PRET. IND.	fui, fuiste, fue, fuimos, fuisteis, fueron
PRES. SUBJ.	sea, seas, sea, seamos, seáis, sean
IMPERF. SUBJ.	{ (s form) **fuese**, etc. / (r form) **fuera**, etc.
COMMAND	sé, sepa, sepamos, sed, sepan

tener *to have*

PRES. IND.	tengo, tienes, tiene, tenemos, tenéis, tienen
PRET. IND.	tuve, tuviste, tuvo, tuvimos, tuvisteis, tuvieron
FUT. IND.	tendré, tendrás, tendrá, tendremos, tendréis, tendrán
COND.	tendría, tendrías, tendría, tendríamos, tendríais, tendrían
PRES. SUBJ.	tenga, tengas, tenga, tengamos, tengáis, tengan
IMPERF. SUBJ.	{ (s form) **tuviese**, etc. / (r form) **tuviera**, etc.
COMMAND	ten, tenga, tengamos, tened, tengan

traer *to bring*

PRES. IND.	traigo, traes, trae, traemos, traéis, traen
PRET. IND.	traje, trajiste, trajo, trajimos, trajisteis, trajeron
PRES. SUBJ.	traiga, traigas, traiga, traigamos, traigáis, traigan
IMPERF. SUBJ.	{ (s form) **trajese**, etc. / (r form) **trajera**, etc.
PAST. PART.	traído
PRES. PART.	trayendo
COMMAND	trae, traiga, traigamos, traed, traigan

valer *to be worth*

PRES. IND.	valgo, vales, vale, valemos, valéis, valen
FUT. IND.	valdré, valdrás, valdrá, valdremos, valdréis, valdrán
COND.	valdría, valdrías, valdría, valdríamos, valdríais, valdrían
PRES. SUBJ.	valga, valgas, valga, valgamos, valgáis, valgan
COMMAND	vale, valga, valgamos, valed, valgan

venir *to come*

PRES. IND.	vengo, vienes, viene, venimos, venís, vienen
PRET. IND.	vine, viniste, vino, vinimos, vinisteis, vinieron
FUT. IND.	vendré, vendrás, vendrá, vendremos, vendréis, vendrán
COND.	vendría, vendrías, vendría, vendríamos, vendríais, vendrían
PRES. SUBJ.	venga, vengas, venga, vengamos, vengáis, vengan
IMPERF. SUBJ.	{ (s form) **viniese**, etc. / (r form) **viniera**, etc.
COMMAND	ven, venga, vengamos, venid, vengan
PRES. PART.	viniendo

ver *to see*

PRES. IND.	veo, ves, ve, vemos, veis, ven
IMPERF. IND.	veía, veías, veía, veíamos, veíais, veían
PRES. SUBJ.	vea, veas, vea, veamos, veáis, vean
COMMAND	ve, vea, veamos, ved, vean
PAST. PART.	visto

NUMBERS (NÚMEROS)

CARDINALES

0	cero	30	treinta
1	uno, un, una	31	treinta y uno (un, una)
2	dos	32	treinta y dos, *etc.*
3	tres	40	cuarenta
4	cuatro	50	cincuenta
5	cinco	60	sesenta
6	seis	70	setenta
7	siete	80	ochenta
8	ocho	90	noventa
9	nueve	100	ciento, cien
10	diez	105	ciento cinco
11	once	200	doscientos, -as
12	doce	300	trescientos, -as
13	trece	400	cuatrocientos, -as
14	catorce	500	quinientos, -as
15	quince	600	seiscientos, -as
16	diez y seis, dieciséis	700	setecientos, -as
17	diez y siete, diecisiete	800	ochocientos, -as
18	diez y ocho, dieciocho	900	novecientos, -as
19	diez y nueve, diecinueve	999	novecientos noventa y nueve
20	veinte	1.000	mil
21	veintiuno, veintiún, veintiuna, veinte y uno, veinte y un, veinte y una	1.009	mil nueve
		2.000	dos mil
22	veintidós, veinte y dos	5.888	cinco mil ochocientos ochenta y ocho
23	veintitrés, veinte y tres	27.777	veintisiete mil setecientos setenta y siete
24	veinticuatro, *etc.*	100.000	cien mil
25	veinticinco, *etc.*	1.000.000	un millón
26	veintiséis, *etc.*	2.000.000	dos millones
27	veintisiete, *etc.*	4.196.234	cuatro millones ciento noventa y seis mil doscientos treinta y cuatro
28	veintiocho, *etc.*		
29	veintinueve, *etc.*		

ORDINALES

1st	primer(o)	6th	sexto
2nd	segundo	7th	séptimo
3rd	tercer(o)	8th	octavo
4th	cuarto	9th	noveno
5th	quinto	10th	décimo